HISTÓRIA DA ADMINISTRAÇÃO PÚBLICA

RELATÓRIO SOBRE O PROGRAMA, O CONTEÚDO E OS MÉTODOS DE ENSINO

RUI MANUEL DE FIGUEIREDO MARCOS

HISTÓRIA DA ADMINISTRAÇÃO PÚBLICA

RELATÓRIO SOBRE O PROGRAMA,
O CONTEÚDO E OS MÉTODOS DE ENSINO

Reimpressão

HISTÓRIA DA ADMINISTRAÇÃO PÚBLICA

AUTOR
RUI MANUEL DE FIGUEIREDO MARCOS

EDITOR
EDIÇÕES ALMEDINA SA
Rua Fernandes Tomás, nºs 76, 78, 80
3000-167 Coimbra
Tel.: 239 851 904 · Fax: 239 851 901
www.almedina.net · editora@almedina.net

PRÉ-IMPRESSÃO
G.C. GRÁFICA DE COIMBRA, LDA.
Palheira – Assafarge
3001-453 Coimbra
producao@graficadecoimbra.pt

IMPRESSÃO E ACABAMENTO
DPS – DIGITAL PRINTING SERVICES
www.dps.pt

Setembro, 2011

DEPÓSITO LEGAL
236407/05

Os dados e as opiniões inseridos na presente publicação
são da exclusiva responsabilidade do(s) seu(s) autor(es).

Toda a reprodução desta obra, por fotocópia ou outro qualquer
processo, sem prévia autorização escrita do Editor, é ilícita
e passível de procedimento judicial contra o infractor.

Biblioteca Nacional de Portugal – Catalogação na Publicação

MARCOS, Rui Manuel de Figueiredo, 1958-

História da administração pública : relatório
sobre o programa, o conteúdo e os métodos
de ensino. – Reimp. – (Monografias)
ISBN 978-972-40-2732-6

CDU 35
      378

Ao Senhor Professor Doutor Martim de Albuquerque
Distinto Mestre da Faculdade de Direito
da Universidade de Lisboa

ÍNDICE GERAL

INTRODUÇÃO

CAPÍTULO I

QUADROS DA HISTÓRIA DO ENSINO
DA ADMINISTRAÇÃO PÚBLICA NA ESCOLA DE COIMBRA

1. Os estudos jurídicos e históricos anteriores à segunda metade de século XVIII . 13
2. O nascimento das disciplinas de história do direito português e do direito pátrio. 16
    2.1. O contributo de Luís António Verney 16
    2.2. O valor da história do direito e do direito pátrio na reforma pombalina do ensino jurídico universitário 19
3. Apontamentos de Administração Pública na execução compendiária da reforma pombalina dos estudos jurídicos 25
4. A reforma de 1805 e a omissão de um ensino autónomo da Administração Pública em Portugal 27
5. A história do ensino da Administração Pública na moderna Faculdade de Direito de Coimbra 28
6. O aparecimento do Curso Administrativo no seio da Faculdade de Direito de Coimbra 32
    6.1. Modelo formativo originário 32
    6.2. Polémica em torno de uma Faculdade de Ciências Administrativas 34
    6.3. O projecto de reforma de 1867 35
    6.4. O parecer de Emídio Garcia a respeito do Curso Administrativo 36
    6.5. Reponderações do magistério administrativo no último quartel do século XIX 39
7. A reforma de 1901 e o posterior abandono do Curso Administrativo 41
8. O despontar de uma Ciência da História da Administração Pública 47

CAPÍTULO II

CONSIDERAÇÕES EM TORNO
DA HISTÓRIA DA ADMINISTRAÇÃO PÚBLICA

1. Uma primeira aproximação à história da Administração Pública   53
2. A autonomia da história da Administração Pública   54
3. A história do estudo retrospectivo da Administração Pública   56
    3.1. Formação heterogénea dos cultores da história da Administração Pública . .   56
    3.2. A investigação do fenómeno administrativo à luz da história recente   57

CAPÍTULO III

O PROBLEMA DO RECORTE CONCEITUAL
DA HISTÓRIA DA ADMINISTRAÇÃO PÚBLICA

1. Noção historicamente operativa de Administração Pública   61
2. A questão metodológica na história da Administração Pública   63

CAPÍTULO IV

PROGRAMA

1. Observações gerais   67
2. Esboço de uma Periodização da História da Administração Pública em Portugal   68
3. Explanação do Programa   72

CAPÍTULO V

CONTEÚDOS

1. Indicação dos conteúdos   75

CAPÍTULO VI

MÉTODOS

1. Critério de estudo e abordagem histórica da Administração Pública   83
2. Métodos de ensino   84
3. Avaliação de conhecimentos   86

INTRODUÇÃO

O texto que se apresenta destina-se a cumprir o preceito legal que determina a elaboração de um relatório, para uma candidatura, em provas públicas, ao título de Professor Agregado. A escolha recaiu na disciplina de História da Administração Pública.

Importa fundamentar a opção. As razões próximas que a ela conduzem não se mostram de intrigante vislumbre. O candidato iniciou a sua carreira docente ao romper do já distante ano de 1982. Guiado pela mão sábia do então Presidente do Conselho Científico da Faculdade de Direito de Coimbra, Doutor Afonso Rodrigues Queiró, escutou palavras de um estímulo amável que o encaminharam para a regência de aulas práticas de Direito Romano e de História do Direito Português. Aí permaneceu em todos os anos lectivos que se seguiram, primeiro em aulas práticas, na condição de assistente estagiário e de assistente, depois, em aulas teóricas, como professor auxiliar e associado.

Ao longo da sua carreira académica, o candidato tem centrado o labor disquisitivo no âmbito da História do Direito Português. Isso mesmo testemunham os estudos que elaborou para a obtenção dos graus de mestre e de doutor em direito, cujas provas públicas se realizaram na Faculdade de Direito da Universidade de Coimbra, em 1987 e em 1997, repectivamente. Foi-lhe confiada, desde 1998 e sem qualquer hiato, a regência do mestrado em História do Direito.

A inclinação natural do candidato, no contexto de um relatório inscrito em provas de agregação, levá-lo-ia a preferir o mestrado em História do Direito. Todavia, logo se afastou essa tentação, porquanto o candidato já havia preenchido essa escolha no concurso para professor associado. Na altura, submeteu a apreciação do distintíssimo júri um programa subordinado ao tema: «A História do Direito das Sociedades Comerciais».

Por outro lado, a opção pela única cadeira de incidência histórico--jurídica em vigor no actual plano de estudos curricular da Faculdade de

Direito da Universidade de Coimbra também encerrava nítidos inconvenientes. Em primeiro lugar, a mencionada cadeira não autonomiza a História do Direito. Surge apenas no 1.º ano do curso e aparece ligada ao Direito Romano, fruto de um casamento utilitário que nada justifica.

Além disso, se o candidato ensaiasse o mergulho programático nessa disciplina, tal soaria, inexoravelmente, a um eco cheio de repetições. É que, em dias muito chegados a nós, a disciplina de Direito Romano e de História do Direito Português foi alvo de um extenso e proficiente relatório da autoria do Doutor António dos Santos Justo. Sem prejuízo de algumas reponderações, a coincidência de pontos de vista chegaria a ser gritante.

O candidato recolheu, pois, as velas nesse seu desígnio, para logo as desfraldar, enfunadas por um vento circunstancial que o iria conduzir, numa direcção diferente, a um porto distante, embora com conexões evidentes. Pretende-se aludir à recentíssima criação da Licenciatura em Administração Pública na Faculdade de Direito da Universidade de Coimbra e ao facto de lhe ter sido atribuída a regência da disciplina de História da Administração Pública, que se insere, enquanto cadeira anual e obrigatória, no 1.º ano do curso.

Não pode o candidato ser arguido de conduta desviante. A História da Administração Pública constitui parcela relevantíssima da História do Direito. Basta pensar nas largas dezenas de páginas que lhe dedica o imponente manual de *História do Direito Português* saído da Escola de Lisboa e da pena sábia dos Senhores Professores Ruy de Albuquerque e Martim de Albuquerque. A nova disciplina pertence, por direito natural, à Secção de Ciências Jurídico-Históricas da Faculdade de Direito da Universidade de Coimbra.

Aliás, mesmo na Licenciatura em Direito, a História da Administração Pública, exibe um pleno cabimento. No âmbito da reforma de 1988, colhia todo o sentido que dela se ocupasse uma segunda cadeira de História do Direito Português que está prevista a título de disciplina facultativa[1]. Em tempos de maleabilidade crescente do plano curricular, em que

---

[1] *Vide* ANTÓNIO DOS SANTOS JUSTO, *A Crise da Romanística*, in «Boletim da Faculdade de Direito», vol. LXXII (1996), págs. 85 e seg.

se assiste a um florilégio de cadeiras de opção, a História da Administração Pública representa, com certeza, uma excelente opção enriquecedora e bem poderá vir a ser leccionada como tal na Licenciatura em Direito da nossa Faculdade.

Quem se dedique ao estudo cuidadoso da História da Administração Pública em Portugal arrisca-se a dizer coisas novas, tal se revela a falta de investigação na área em apreço. A despeito do seu inestimável valor, inclusivamente para os rumos futuros da Administração Pública, não a vemos ser professada nas cerca de treze outras Licenciaturas em Administração Pública existentes no País. Numa reunião que congregou, em Novembro de 2003, os dirigentes dos diversos cursos de Administração Pública, todos, a uma só voz, vincaram a sua adesão a um entendimento holístico da administração pública. Trata-se de uma perspectiva que postula, como foi realçado *unanimiter*, uma certa compreensão do ensino da administração pública a nível superior, convocando uma formação integral dos licenciados em Administração Pública, para a qual concorreriam uma multiplicidade de saberes, onde se inscreveria também o pecúlio precioso da história.

O brilho aliciante de encetar uma pesquisa com contornos inovadores atraiu, de forma irreprimível, o candidato. Todavia, produzir um relatório com as características legalmente impostas não deixa de causar algum arrepio para alguém que, embora já beneficie de vários anos de estudo, ainda não percorreu muito do árduo caminho e do esforço continuado que faz rolar o rochedo de Sísifo ao cume da colina. E, como tive oportunidade de me interrogar em relatório anterior, quem melhor descortina a estrada, o viajante que a iniciou, ou que já a trilha no seu meio, ou aquele que ascendeu ao vértice da colina e do alto a contempla numa visão panorâmica[1]?

Não conserva o candidato a pretensão vã de intrometer um juízo acabado em temas que, à mingua de buscas arquivísticas e de aturada reflexão problemática, estão longe de receber a última palavra. Ainda assim, porém, não se recusa ao relatório em causa a indesmentível virtude de estimular uma análise séria acerca das linhas orientadoras fundamentais

---

[1] *Vide* RUI DE FIGUEIREDO MARCOS, *História do Direito. Relatório sobre o Programa, o Conteúdo e os Métodos de Ensino*, Coimbra, 1999, pág. 8.

que cada um pretende imprimir ao magistério da disciplina a que se dedica. É seguramente, alentados por este espírito que nos lançámos à tarefa espinhosa de o redigir, com o ânimo de que futuras reponderações se tornarão tão enriquecedoras quanto inevitáveis.

CAPÍTULO I

QUADROS DA HISTÓRIA DO ENSINO DA ADMINISTRAÇÃO PÚBLICA NA ESCOLA DE COIMBRA

1. Os estudos jurídicos e históricos anteriores à segunda metade do século XVIII

No plano universitário, o tratamento avulso de temas com relevo para a administração pública em Portugal e para a sua história não recua além da reforma pombalina. A explicação do relativo atraso descobre-se, sem espinhosa dificuldade, se encararmos o panorama do ensino do direito português e da respectiva história por meados de setecentos. Encontra longas raízes no passado o estudo do direito. Fundamente, porém, o alvorecer das disciplinas de história do direito e do próprio direito pátrio só remontam, em Faculdades jurídicas portuguesas, à segunda metade do século XVIII. Tal não corresponde a um fenómeno privativo do nosso país. À escala europeia, também não poucos autores inscreveram na mesma época o seu surgimento e assinalam a modernidade das ciências que as cultivam[1].

Não se mostram de intrigante vislumbre as causas que, até meados de setecentos, levaram a que os ventos não soprassem de feição para a história do direito. São sobejamente conhecidas e escusado se tornará

---

[1] Sobre os primeiros acenos da introdução da história e do direito pátrio no panorama jurídico setecentista das Universidades europeias, consultar, entre outros, MÁRIO JÚLIO DE ALMEIDA COSTA, *História do Direito,* in «Temas de História do Direito», Coimbra, 1970, págs. 7 e segs.; E. NASALLI ROCCA, *Indirizzi settecenteschi di storia giuridica a Parma nel quadro delle riforme universitarie italiane,* in «Rivista di Storia del Diritto Italiano», vols. 37-38 (1964-1965)), págs. 127 e segs.; MARIANO PESET REIG, *Derecho romano y Derecho real en las Universidades del siglo* XVIII, in «Anuario de Historia del Derecho Espanõl», tomo XLV (1975), págs. 273 e segs.; RUI DE FIGUEIREDO MARCOS, *A Evolução da História do Direito e do seu magistério na Escola de Coimbra,* in «Estudos dedicados ao Prof. Doutor Mário Júlio de Almeida Costa», Lisboa, 2002, págs. 1407 e segs.

entrar em minúcias. Os direitos romano e canónico exerciam um predomínio sufocante, quer preenchendo na integra o ensino universitário, quer alimentando a literatura jurídica mais expressiva. Ambos os direitos como que jugulavam à nascença quaisquer outros horizontes de interesse. Admite-se a existência, aqui e acolá, de um episódico capítulo romano *de origine iuris,* mas isso não significava o desabrochar de uma história do direito.

Apenas em via secundária e debaixo de um manifesto signo dogmático, os jurisconsultos resvalavam para o estudo do direito português. Acima de outra razões, da incapacidade de rivalizar em grandeza formativa com o *ius romanum* decorria a subalternização flagrante do direito pátrio. Neste quadro, percebe-se sem espanto o abandono a que se votava o passado de um direito, cujo presente já era, em boa medida, imprestável. Por outro lado, na própria esfera da historiografia, o cenário também não se apresentava auspicioso. Além de padecer de enormes debilidades, afectava-o a ausência clara de uma concepção filosófica da história[1].

Não se oculta, todavia, que as amarras precursoras de uma abordagem fragmentária de aspectos diversos do direito português antigo se alongavam ao arco temporal anterior ao século XVIII. O humanismo jurídico quinhentista prometeu muito ao estudo do direito nacional do ponto de vista histórico. Em contraste com o bárbaro desconhecimento que os Comentadores patentearam, impôs um escrupuloso rigor histórico na interpretação dos preceitos romanistas. Sugestivamente, o *Corpus Iuris Civilis* deixou de ser encarado como um complexo normativo unitário, tal qual o viam Glosadores e Bartolistas. A diferente proveniência dos materiais jurídicos recolhidos por Justiniano constituiu uma das preocupações mais absorventes dos juristas da Renascença. Procuravam, com efeito, identificar os verdadeiros preceitos do *ius romanum* clássico na sua genuína autenticidade. E, consequentemente, a perspectiva histórica adoptada perante a compilação justinianeia trouxe consigo, até certo ponto, a relativização do valor do direito romano, porquanto se considerava o *Corpus Iuris Civilis* como um produto individualizado de um certo ambiente histórico-concreto, negando, a um tempo, a valoração meta-jurídica e eterna das normas romanistas[2].

---

[1] *Vide* MANUEL PAULO MERÊA, *De André de Resende a Herculano. Súmula histórica da história do direito português,* in «Estudos de História do Direito», Coimbra, 1923, pág. 8.

[2] Vide VINCENZO PIANO MORTARI, *Gli Inizi del Diritto Moderno in Europa,* Napoli, 1980, págs. 287 e segs.

Se o movimento renascentista rasgou, sem dúvida, um horizonte assaz favorável à orientação histórica no estudo do direito, cumpre reconhecer que, entre nós, o clarão do humanismo raiou fugazmente no plano do ensino jurídico. Continuou a fazer-se profissão de fé exclusiva no magistério dogmático dos direitos romano e canónico. Daí que escasseassem os autores que, durante os séculos XVI e XVII, investigaram as antiguidades do direito lusitano.

Merece, porém, saliência o interesse que despertou o ângulo histórico do direito público. Já, sob a égide do culto humanista, André de Resende, dotado de uma personalidade multiforme, um erudito que privou com Erasmo e Nicolau Clenardo, arqueólogo e compositor de merecimento, se dedicara à organização da primitiva Hispânia e, a justo título, é crismado como o fundador da história do direito público peninsular[1]. Também a ânsia da Restauração determinou que um escol de jurisconsultos se devotasse a algumas questões publicísticas de pendor histórico-legitimista em prol da independência do Reino. Assumiu aqui uma posição destacada a figura de João Pinto Ribeiro[2].

Entrado o século XVIII, a historiografia beneficiou de um impulso renovador em consequência da fundação da Academia Real da História e da actividade laboriosa desenvolvida pelos seus colaboradores[3]. Reacenderam-se, ao longo da primeira metade de setecentos, os estudos envolvendo incidências histórico-jurídicas que, fundamentalmente, iluminaram

---

[1] De ANDRÉ DE RESENDE destaca-se, em primeiro lugar, a *História da Antiguidade da Cidade de Évora,* impressa em Évora em 1553 e em 1576, e depois em Lisboa, no ano de 1783. Conheceu uma tradução latina da autoria de Andreas Schouttus. Digna de uma superior menção afigura-se ainda a obra *De Antiquitatibus Lusitaniae, Éborae,* 1593, onde se esboça um penetrante sentimento de identidade nacional. Para mais fácil consulta, ver ANDRÉ DE RESENDE, *As Antiguidades da Lusitânia,* introdução, tradução e comentário de R. M. ROSADO FERNANDES, Lisboa, 1996.

[2] Constituem, entre muitos, referências importantes J. VERÍSSIMO SERRÃO, *Fontes de Direito para a História da Sucessão de Portugal (1580),* Coimbra, 1960; MARTIM DE ALBUQUERQUE, *O Poder Político no Renascimento Português,* Lisboa, 1968, págs. 78 e segs; LUIS REIS TROGAL, *Ideologia Política e Teoria do Estado na Restauração,* 2 vols., Coimbra, 1981/1982.

[3] Sobre o labor da Academia Real da História estabelecida por Decreto de 8 de Dezembro de 1720, ver, entre outros, FERNANDO CASTELO-BRANCO, *Significado cultural das Academias de Lisboa no século XVIII,* in «Portugaliae Historica», vol. I, Lisboa, 1973, págs. 182 e segs.; e, sobretudo, ISABEL FERREIRA DA MOTA, *A Academia Real da História. Os intelectuais, o poder cultural e o poder monárquico no séc. XVIII,* Coimbra, 2003, págs. 77 e segs.

a via de recolha de fontes personificada, de modo emblemático, por António Caetano de Sousa[1] e o caminho de natureza biobliográfica de que Diogo Barbosa Machado se tornou o expoente mais alto[2].

2. O nascimento das disciplinas de história do direito português e de direito pátrio

Mas a história do direito só na segunda metade do século XVIII consegue penetrar no currículo das Faculdades jurídicas portuguesas. Não foi indiferente a esta inclusão pioneira o avanço notório registado no domínio da historiografia, com uma de há muito requestada definição filosófica da disciplina que acompanhou o abandono de uma tendência sistemática para as narrações personalistas. Na atitude barroca, o passado fascinava apenas pela grandiosidade das acções marcantes dos ilustres, alvo de uma atenção que se exauria na superfície dos factos memoráveis. Do lado da ciência jurídica, assiste-se a uma importante renovação, mercê de um compromisso com o pensamento jusracionalista no quadro de um Iluminismo que procurava reflectir no direito o rosto histórico da sua época. A história, como lucidamente já se escreveu, ocupava agora o lugar da teologia, na medida em que se tornou o tribunal do mundo[3]. Cresceu em sentido crítico e na amplitude de uma larga perspectiva cultural que adoptou.

2.1. O contributo de Luís António Verney

As ideias iluministas tremeluziam então em Portugal quando já cintilavam firmemente além-fronteiras. Deve acrescentar-se que o Iluminismo não assumiu contornos homogéneos. Sinais particulares apresentou o modelo a que os países católicos, como a Espanha e Portugal, aderiram e

---

[1] *Vide* ANTÓNIO CAETANO DE SOUSA, *Provas da História Genealógica da Casa Real Portuguesa,* nova edição revista por M. LOPES DE ALMEIDA e CÉSAR PEGADO, 6 tomos, Coimbra, 1954/1956.

[2] *Vide* DIOGO BARBOSA MACHADO, *Bibliotheca Lusitana,* edição de M. LOPES DE ALMEIDA, 4 tomos, Coimbra, 1965/1967.

[3] *Vide* FRITZ VALJAVEC, *Storia dell'iluminismo,* Bologna, 1973, pág. 304, e, em geral, sobre o entendimento iluminista da história, págs. 299 e segs.

cujo pólo de irradiação se encontrava em Itália[1]. A mensagem iluminista haveria de ser recebida entre nós através da palavra de Luís António Verney que, em resultado de uma estreita ligação a Muratori, crispava indesmentíveis feições italianas[2].

Verney não fazia leis, nem isso o importava[3]. A sua missão era outra. Tal como o beneditino espanhol Bento Feijó o havia levado a cabo em relação a Espanha, Verney saiu, pela crítica inclemente, ao encontro da cultura portuguesa atingida por um estado de letargia estéril[4]. Faiscaram os velhos intelectuais quando aproou, em Lisboa, o *Verdadeiro Método de Estudar*. A recebê-lo, um visitador da Inquisição e logo se ergueram os mais sérios embaraços para que obtivesse licença para correr. No entanto, acabou por circular e o Frade Barbadinho impugnou, judiciosamente, tudo aquilo que até então parecia ser baluarte inexpugnável da ortodoxia.

Repeliu, com rispidez, a tradição aristotélico-escolástica. Ao mesmo tempo entendia necessário libertar a filosofia da estreiteza peripatética e torná-la independente da teologia. As subtilezas deviam ceder o seu lugar

---

[1] Para uma visão recente acerca do iluminismo católico, ver, ULRICH IM HOF, *A Europa no Século das Luzes,* trad. De MARIA ANTÓNIA AMARANTE, Lisboa, 1995, págs. 262 e segs.

[2] Visando uma das marcas da cultura e da literatura italianas no século XVIII português, consultar ZULMIRA C. SANTOS, *Francesco Algarotti [1712-1764] e Teodoro de Almeida [1712-1804]: Apenas uma Relação Longínqua?,* in «Caminhos da Italianística em Portugal», coordenação de RITA MARNOTO, Coimbra, 2004, págs. 35 e segs.

[3] No que toca às propostas saídas da pena de Verney, consultar L. CABRAL DE MONCADA, *Um «iluminista» português do século XVIII: Luís António Verney; e Italia e Portogallo nel'«Settecento,* in «Estudos de História de Direito», vol. III, Coimbra, 1950, págs. 1 e segs., e 153 e segs., respectivamente do mesmo autor, *Conceito e função da jurisprudência segundo Verney,* in «Boletim do Ministério da Justiça», n.º 14 (1949), págs. 5 e segs.; ANTÓNIO ALBERTO DE ANDRADE, *Verney e a Cultura do seu Tempo,* Coimbra, 1966, em especial quanto ao direito civil e ao direito canónico, págs. 199 e seg., e 205 e seg.; JOSÉ V. DE PINA MARTINS, *Temas Verneianos,* in «Revista da Faculdade de Letras de Lisboa», III série, n.º 4 (1960), págs. 118 e segs.; do mesmo autor, *Luís António Verney contra a Escolástica entre 1745 e 1750,* Paris, 1980 FRANCISCO DA GAMA CAEIRO, *Nótula sobre Verney,* in «Revista da Universidade de Coimbra», vol. 31 (1984), págs. 205 e segs.

[4] Sobre Feijó, Verney e a chegada do *Verdadeiro Método de Estudar* a Espanha, ver J. L. PESET y ANTONIO LAFUENTE, *Ciencia e Historia de la Ciencia en la Espana ilustrada,* in «Boletin de la Real Academia de la Historia», tomo CLXXVIII (1981), págs. 267 e segs., em especial, pág. 273. Ainda quanto às ideias que povoavam o *Verdadeiro Método de Estudar,* assinalam-se as recentes observações de VAMIREH CHACON, O *Humanismo Ibérico. A escolástica progressista e a questão da modernidade,* Lisboa, 1998, págs. 58, e 66 e segs..

ao culto experimentalista. Só as ciências experimentais alcançavam a verdade, porque só elas explicavam as coisas racionalmente. Também em nome da observação do real, verberou a faustosa eloquência literária da época.

Sobre o sistema de ensino, recaiu a crítica de Verney, com o alarde de um violento libelo. Quanto às Faculdades de Leis e de Cânones, censurou asperamente as orientações escolásticas ou bartolistas, sustentando as histórico-críticas ou cujacianas[1]. Do mesmo passo, advogava a implantação do método expositivo sintético-compendiário tomado do alemão Heineccius, um jurista cujo merecimento crescia aos olhos do nosso estrangeirado pela atenção que dedicava à história do direito romano-germânico.

A Verney, no que mais nos importa agora lembrar, repugnava a confrangedora ignorância da história no seio dos juristas. Encontravam-se muitos tidos por grandes jurisconsultos, os quais, alheados do puro texto para estudaram, «sam tam rudes, que parecem chegados novamente do Paraguai, ou Cabo da Boa Esperança. Falando em certa ocaziam, com um destes de grande fama, e guiado desta comua preocupasam, intui em uma materia erudita, propria daquela faculdade: em que cazualmente se falou, no Imperador Alexandre Severo, e suas asoens, e protesam que concedeo, aos Jurisconsultos. E fiquei pasmado, quando vi, que o omen nam me intendia: e ainda me admirei mais, quando me dise, que, ocupado com as suas Leis, nam tivera tempo de se aplicar à Istoria». Ora, a história de Roma revelava-se luminosa para o correcto entendimento do *ius romanum*[2]. Verney converteu-se mesmo em pregoeiro do valor essencial da explicação da história para alcançar a inteligência da lei.

Ao ouvir dizer a um jurista que desconhecia a história civil e a um téologo que estranhava a história da Igreja, logo dava por assente que nenhum deles sabia leis ou teologia, porquanto a história constituía «uma parte principal, destas duas faculdades: sem a qual nam é possível, que um omem as intenda». Tal o juízo fulminante de Verney que não omitiu também a necessidade de o jurista se entregar ao estudo do direito pátrio e da sua história no âmbito de uma formação que pretendia integral[3]. Assim,

---

[1] Sustentava Verney que os juristas do século XVI, beneficiando do subsídio da história, interpretaram melhor as leis. Entre os arautos dessa tendência, indicou, designadamente, Cujácio, Hotomano e Fabro. Consultar o *Verdadeiro Metodo de Estudar, para ser util à Republica, e à Igreja: proporcionado ao estilo, e necessidade de Portugal*, tomo II, Valensa, MDCCXLVI (na oficina de Antonio Balle), Carta Decima Terceira, págs. 163 e seg.

[2] *Vide Verdadeiro Metodo de Estudar*, ed. cit., tomo II, págs. 143, e 164 e seg.

[3] Alvitrava o famoso estrangeirado que, ao romper do quinto ano, o estudante devia

Quadros da História do Ensino da Administração Pública na Escola de Coimbra   19

ao verdadeiro jurisconsulto não se dispensava a notícia de uma multiplicidade de saberes que, apesar do evidente privilégio concedido à vertente histórica, incluíam aspectos tão díspares como o direito natural e das gentes, a arte oratória, os cânones[1], a teologia e as legislações de países estrangeiros[2].

2.2. *O valor da história do direito e do direito pátrio na reforma pombalina do ensino juridico universitário*

A golpes de inconformismo, o espírito de missão cultural de Verney acabou por produzir os seus frutos. A recriação de uma nova *forma mentis* no plano jurídico realizou-se, a partir de 1772, com os Estatutos Pombalinos da Universidade de Coimbra. Consumara este notável documento legal um processo evolutivo, desencadeado em 1770 pela Junta de Providência Literária, que havia recebido a incumbência de examinar as causas da ruinosa decadência da Universidade, de molde a apontar as soluções para lhes pôr cobro. Os resultados alcançados pela referida comissão vieram à luz no *Compêndio Histórico do Estado da Universidade de Coimbra,* onde se retomaram diatribes e sugestões da obra do Frade Barbadinho.

Na verdade, o famoso *Compêndio Histórico* reafirmava, na esteira de Verney, a aliança que cumpria estabelecer de modo íntimo entre o direito

---

ler o direito português ou as leis municipais, parecendo-lhe digno de admiração que os juristas saíssem da Universidade ignorando as leis pátrias por que se iriam reger. *Vide Verdadeiro Metodo de Estudar,* ed. cit., tomo II, págs. 178 e sega sobre o apelo profiquo à história do Reino, pág. 192.

[1] Verney dedica uma carta inteira, a décima quinta, ao magistério do direito canónico. *Vide Verdadeiro Metodo de Estudar,* ed. cit., tomo II, págs. 229 e segs.

[2] Eis a imagem do jurista bem formado segundo Luis António Verney: «E reduzindo tudo a poucas palavras, digo absolutamente, do Jurisconsulto em comum, que deve saber, o direito de Natureza, e das Gentes a Istoria das antiguidades Romanas: a istoria da sua Republica, e Leis. Nem só isso: mas deve tambem ser noticia, da Teologia, e Canones; para poder conciliar, o Sacerdocio com o Imperio; nam uzurpando, nem ofendendo o ius de terceiros. No que pecam alguns Jurisconsultos, que contantoque aumentem, os direitos do Principe, nam reparam, nem fazem cazo, dos direitos da Igreja. Alem diso, deve ter boa critica, para interpretar as Leis: noticia das Leis dos outros Reinos, para conhecer quais sam as justas etc. arte Oratoria, para persuadir o que quer, e deve: e grande conhecimento dos afectos do animo, vicios, virtudes, etc. lendo muitos livros de *Officiis* e outros semelhantes etc. Esta em breve é a imagem, de um verdadeiro Jurisconsulto: e estas noticias podem servir, na cadeira e no Foro». *Vide Verdadeiro Metodo de Estudar,* ed. cit., tomo II, pág. 193.

20   *História da Administração Pública*

e a história, devendo esta preceder e acompanhar perpetuamente os estudos jurídicos. Elevada a alma da jurisprudência, a história convertia-se em paradigma interpretativo, como o anzol de ouro com que se buscava a verdadeira inteligência das leis, ou a tocha mais luminosa que clareava o sentido quantas vezes obscuro das normas[1]. Não podia o *Compêndio* deixar assim de deplorar o juízo funesto daqueles representantes da velha ortodoxia, como o saído da pena do «disfarçado» Frei Arsénio, que votava a história a um menosprezo desdenhoso[2]. O seu interesse por parte dos juristas nunca passaria de uma boa curiosidade, mas que tocava a impertinência[3].

Exaltante do valimento da lição histórica no palco esquecido da legislação nacional, o *Compêndio Histórico* aconselhava uma permanente

---

[1] Consultar *Compendio Historico do Estado da Universidade de Coimbra no Tempo da Invasão dos Denominados Jesuitas e dos Estragos feitos nas Sciencias e nos Professores, e Directores que a Regiam pelas Maquinações, e Publicações dos Novos Estatutos por Elles Fabricados,* Lisboa, MDCCLXXII (na Regia Officina Typografica), parte II, capítulo II, §§ 182 e segs., págs. 223 e segs.

[2] Fr. Arsénio da Piedade era o pseudónimo sob o qual se escondia o inaciano Padre José de Araújo. Ora, a respeito do interesse da história nos estudos jurídicos, acendeu-se uma viva polémica em que interviram, nomeadamente, José de Araújo e Luís António Verney. De entre a literatura ao tempo produzida, destacamos, em sentido desfavorável, *Reflexoens Apologeticas à Obra Intitulada Verdadeiro Metodo de Estudar dirigida a persuadir hum novo metodo para em Portugal se ensinarem, e aprenderem as sciencias, e refutar o que neste Reino se pratica expendidas para desaggravo dos Portuguezes em huma Carta, que em resposta de outra escreveo da Cidade de Lisboa para a de Coimbra, o P. Frey Arsenio da Piedade,* Valensa, MDCCXLVIII (na officina de Antonio Balle), Reflexam XIII, págs. 46 e seg.: *Retrato de Mortecôr que em Romance quer dizer Noticia Conjectural,* Sevilla, s. data, (en Ia Imprenta de Antonio Buccaferro), págs. 65 e seg.; na perspectiva contrária, *Resposta as Reflexoens, que o R. P. M. Fr. Arsenio da Piedade Capucho fez ao Livro intitulado: Verdadeiro metodo de estudar,* Valensa, MDCCLVIII (na officina de Antonio Balle), Reflexam XIII, pág. 57; e *Parecer do Doutor Apolonio Philomuso Lisbonense, dirigido a um grande Prelado do Reino de Portugal àcerca de um Papel intitulado Retrato de Mortecor, seo Author D. Alethophilo Candido de Lacerda, s.* local e data, págs. 80 e segs.

[3] Escreveu, com efeito, Frei Arsénio, nas suas *reflexões Apologeticas:* «Que he boa curiosidade estudar as Historias, mas he impertinencia; que sendo o Direito taõ vasto, lhe queira o Critico pôr mais um contrapezo taõ grande, como he o da Historia, sem ser preciso para o intento: Que a Lei promulgada, e aceita obriga ao subdito, em quanto se não abroga». Trata-se de uma visão positivamente enfeudada ao soberano ditame da lei, em sobranceira indiferença acerca do contexto histórico que o justificara. *Vide Compendio Historico do Estado da Universidade de Coimbra,* na ed. cit., pág. 242.

Quadros da História do Ensino da Administração Pública na Escola de Coimbra 21

fidelidade às fontes e o constante socorro das ciências auxiliares[1], para além de preconizar um indispensável recurso à história da literatura jurídica que constituía um seguro critério aferidor do progresso do direito e do seu ensino[2]. O *Compêndio* armou-se ainda de fortes razões abonadoras do direito natural, posto que sem arrepio da orientação histórica e nacionalista que o entreteceu.

Coroando a acerbíssima objurgatória encerrada no *Compêndio Histórico*, os Estatutos Novos, de 1772, operaram uma verdadeira revolução no ensino universitário, mormente na Faculdade de Leis e na Faculdade de Cânones. Figurou-se ao legislador pombalino que, sem um golpe abrupto de miúda ordenação, resultaria impossível destronar o vicioso magistério de raiz escolástica, o qual tinha por si a tremenda força de uma secular vigência[3]. De facto, pulsa em toda a reforma a intenção de nada ser deixado ao arbítrio de professores e alunos. A Carta de Lei de 28 de Agosto de 1772 assumia-se, frontalmente, como o mestre dos mestres.

Desde logo se impugnou o ensino jurídico tradicional no que dizia respeito ao elenco das disciplinas adoptado, que, até então, se consumia no estudo do Corpus Iuris Civilis e do *Corpus Iuris Canonici*[4]. Os cursos, daí em diante, passaram a iniciar-se por um conjunto de cadeiras propedêuticas, onde avultavam disciplinas históricas e filosóficas. Segundo os Estatutos, nenhum direito podia ser bem entendido sem um claro conhecimento prévio, assim do «Direito Natural», como da «Historia Civil das Nações, e das Leis para ellas estabelecidas», tornando-se estas «prenoções» indis-

---

[1] *Vide* ANTÓNIO CRUZ, *A reforma pombalina e as ciências auxiliares da História*, in «Revista da História das Ideias», vol. IV (1982-1983), tomo II («O Marquês de Pombal e o seu Tempo»), págs. 101 e segs.

[2] Para conferir a importância atribuída à história da literatura jurídica, basta passar em revista o «estrago nono» inserido no *Compendio Histórico do Estado da Universidade de Coimbra,* ed. cit., parte II, capítulo II, §§ 198 e segs., págs. 244 e segs..

[3] Exactamente para evitar contacto com uma formação jurídica deformada e, com certeza, insusceptível de recuperação para as novas correntes jurídicas europeias que a reforma pombalina visava implantar, em ambas as Faculdades jurídicas, nenhum dos lentes proprietários anteriormente em exercício foi reconduzido nas suas funções. *Vide* PAULO MERÊA, *Lance de olhos sobre o ensino do direito desde 1772 a 1804,* in «Boletim da Faculdade de Direito», vol. XXXIII (1957), pág. 188 e nota 2.

[4] Sobre o panorama do ensino do direito na Universidade portuguesa antes da reforma pombalina, ver MÁRIO JÚLIO DE ALMEIDA COSTA, O *Direito (Cânones e Leis),* in «História da Universidade em Portugal», vol. I, tomo II (1537-1771), Coimbra, 1997, págs. 823 e segs.

pensáveis a uma sólida hermenêutica jurídica»[1]. Tal representava a patente convocação da ideia de história-prolegómeno, para utilizar uma expressão de Gama Caeiro[2].

Na linha traçada, surgiu, de imediato no 1.º ano, uma cadeira de direito natural, «commua a ambas as Faculdades», que incluía o estudo não só do «direito natural em sentido estrito», mas também do «direito público universal» e do «direito das gentes». A seu lado, estabeleceu-se uma cadeira de história do direito romano e do direito pátrio, com a designação oficial de «História Civil dos Povos, e Direitos Romano, e Portuguez»[3]. Um caminho que continuaria a ser percorrido no 2.º ano, através de uma cadeira de história da Igreja e do direito canónico[4].

Verdadeiramente inovador revelou-se ainda o legislador pombalino, quando impôs, no último ano do curso, a legistas e a canonistas, a frequência de uma cadeira de direito pátrio que, pela primeira vez, desde a fundação da Universidade, penetrou na vida escolar. Invectivava-se o facto de o direito pátrio jazer até então em um vergonhoso e profundo silêncio[5]. Sendo o direito português fonte privilegiada no foro, as leis nacionais deviam «andar sempre diante dos olhos e impressas na lembrança», não só para se aplicarem na prática, mas também para se ensinarem e explicarem no plano teórico[6].

---

[1] *Vide Estatutos da Universidade de Coimbra (1772* Coimbra, 1972, liv. II, tít. II, cap. III, § 9, pág. 284.

[2] Acerca do novo papel propedêutico chamado a desempenhar pela história enquanto visão esclarecedora relativamente a certa área disciplinar, ver FRANCISCO GAMA CAEIRO, *Concepção da Historiografia Setecentista na obra de Frei Manuel do Cenáculo*, Lisboa, MCMLXXVII, pág. 200.

[3] A afirmação do direito natural, por um lado, e a exaltação do direito pátrio, por outro, achavam-se perfeitamente conciliadas na reforma pombalina. *Vide* RUI MANUEL DE FIGUEIREDO MARCOS, *A Legislação Pombalina. Alguns aspectos fundamentais*, Coimbra, 1990, págs. 173 e seg., nota 280.

[4] No tocante a estas cadeiras elementares, mas também para uma visão ampla da estrutura pombalina dos cursos jurídicos, ver BRAGA DA CRUZ, *José Bonifácio de Andrada e Silva,* in «Boletim da Faculdade de Direito – Estudos em Homenagem aos Profs. Doutores M. Paulo Merêa e G. Braga da Cruz – I», vol. LVIII (1982), págs. 105 e segs.

[5] À guisa de comparação, sobre a entrada do direito pátrio nas Universidades espanholas, ver, por todos, MARIANO PESET REIG, *Derecho romano y Derecho real en las Universidades del siglo XVIII,* in «Anuario de Historia dei Derecho Español», tomo XLV (1975), pág. 273 e segs.

[6] *Vide Estatutos da Universidade de Coimbra (1772),* liv. II, tít. II, cap. III, § 7, na ed. cit., pág. 283.

Observemos, por outro lado, que os Estatutos de 1772 não se limitaram a acolher o ensino do direito pátrio e da sua história[1]. Ou porque receassem algum desvario propositado, ou porque temessem, em aspectos aligeirados pela lei universitária, interpretações demasiado folgadas, o reformador setecentista não hesitou em prescrever aos professores o conteúdo das suas prelecções. Doravante, ao *magister dixit* tradicional sucedia um outro mestre bem mais poderoso, um verdadeiro legislador doutrinador, cujas opiniões detinham o incontestável vigor de lei. Com efeito, o mestre dos mestres fixava, descaridosamente, o programa das várias disciplinas. E de modo tão minucioso o fez no âmbito da história do direito pátrio que o conjunto dos preceitos dedicados pelos Estatutos de 1772 ao tema representam, como a justo titulo já se tem salientado, «a primeira tentativa séria de sistematização da história do direito português»[2]. Em síntese, devia o professor começar «pela Historia das Leis, Usos, e Costumes Legítimos da Nação Portugueza: Passando depois á Historia da Jurisprudencia, Theoretica, ou da Sciencia das Leis de Portugal: E concluindo com a Historia da Jurisprudencia Prática, ou do Exercicio das Leis e do modo de obrar, e expedir as causas, e negocios nos Auditórios, Relações, e Tribunais destes Reinos»[3].

A severidade da revolução introduzida pela reforma pombalina no ensino do direito consistiu também na imposição de uma certa orientação doutrinal às diferentes cadeiras. Os Estatutos de 1772, além de terem particularizado o programa da disciplina em foco, influíram decisivamente na eleição da escola de jurisprudência que o professor de história do

---

[1] Ainda assim, porém, nos cursos de Leis e de Cânones, os estudos do *Corpus Iuris Civilis* e do *Corpus buris Canonici* continuaram a deter supremacia, se bem que enfrentados de pontos de vista diversos dos tradicionais. Esta incoerência só veio a ser eliminada através das alterações introduzidas no ensino pelo Alvará de 16 de Janeiro de 1805, em que o direito pátrio beneficiou de um lugar mais espacejado ao ocupar três cadeiras. *Vide* BRAGA DA CRUZ, *História do Direito Português*, Coimbra, 1955, pág. 446.

A crítica dirigida aos Estatutos de 1772 quanto à primazia das cadeiras de direito romano na Faculdade de Leis era, segundo Rodrigues de Brito, destituída de fundamento. Na verdade, o estudo do direito romano servia de confronto com o «Código da natureza», sem se perder de vista a legislação pátria. *Vide* JOAQUIM JOSÉ RODRIGUES DE BRITO, *Memorias Politicas sobre as verdadeiras Bases da Grandeza das Nações, e principalmente de Portugal, tomo* III, Lisboa, 1805, págs. 204 e segs.

[2] *Vide* PAULO MERÊA, *De André de Resende a Herculano,* in loc. *cit.,* pág. 26; BRAGA DA CRUZ, *História do Direito Português,* cit., pág. 57.

[3] *Vide Estatutos da Universidade de Coimbra (1772), liv. II, tít. III,* cap. IX, pr., na ed. *cit., págs.* 357 e seg.

direito pátrio devia considerar preferível. Não admira, pois, que lhe cumprisse demonstrar o pernicioso florescimento que até à altura gozara de modo imerecido a «nefasta» Escola Bartolista, quer no plano forense, quer no tom lúgubre e decadente que emprestara às lições e postilas de direito. Ao mesmo tempo, encontrava-se vinculado à missão oposta de sobredoirar a reputação das directrizes metodológicas oriundas da Escola Cujaciana, encarecendo o engenho de um grande número de jurisconsultos insignes que a compunham[1]. Nesta primazia, o dominio da história desempenhou um papel de relevo. Enquanto na proscrição das figuras de proa das escolas medievais, como Irnério, Acúrsio e Bártolo, se atendia à sua patente ignorância quanto ao desenvolvimento histórico do direito, louvava-se Cujácio em nome da aliança que estabeleceu entre o estudo do direito e da história, conseguindo assim restituir o esplendor perdido à jurisprudência[2].

O poder político apregoava, de igual modo, um voto confesso na utilidade dos estudos histórico-jurídicos. A 25 de Fevereiro de 1774, o próprio Marquês de Pombal, em resposta a uma carta do Reitor-Reformador, D. Francisco de Lemos de Faria Pereira Coutinho, de 8 de Fevereiro do mesmo ano, enaltecia o valor do direito pátrio e da história do direito português em consórcio fecundo. Escreveu então, *eloquenter*: «A Cadeira de Direito Pátrio já terá feito a sua utilissima abertura, e d'ella espero admiraveis progressos para utilidade dos que seguirem os estudos da jurisprudencia; e sendo a disciplina d'esta cadeira auxiliada pela outra da Cadeira da Historia do Direito Patrio, tenho por sem duvida que poderemos esperar mancebos capazes de bem entenderem as Leys e de bem as executarem. As especies concernentes a esta util Historia, que a V. Exa mandei remeter, julgo que poderão ainda ser de alguma utilidade, e por esta causa mereciam ser communicadas ao Professor da referida Disciplina»[3]. Desde o romper dos trabalhos reformadores que D. Francisco de

---

[1] A respeito da demonstração histórica assinalada em texto, são de proficua consulta os *Estatutos da Universidade de Coimbra (1772),* liv. II, tít. III, cap. IX, §§ 9 e segs., págs. 362 e seg.

[2] Na verdade, o legislador pombalino dardejava, um a um, os juristas mais representativos das escolas que pretendia ver erradicadas do ensino jurídico universitário. Quanto a estas acusações, ver RUI DE FIGUEIREDO MARCOS, A *Legislação Pombalina,* cit., págs. 176 e seg., nota 286.

[3] *Vide* THEOPHILO BRAGA, *Historia da Universidade de Coimbra,* tomo III (1700 a 1800), Lisboa, 1898, pág. 551; ANTÓNIO FERRÃO, A *Reforma Pombalina da Universidade de Coimbra, de 1772, e a sua apreciação por alguns eruditos espanhois,* in ((Boletim da Segunda Classe da Academia das Sciências de Lisboa», vol. XVI (1921-1922), pág. 693.

Quadros da História do Ensino da Administração Pública na Escola de Coimbra 25

Lemos se encontrava desperto para a importância da história na formação jurídica. Como viria a salientar na sua *Relação Geral do Estado da Universidade,* uma espécie de testamento que preparou enquanto executor privilegiado das directrizes contidas nos Estatutos de 1772, não pode haver bom jurisconsulto sem se tornar insignemente versado na jurisprudência natural e na história, porquanto constituíam tais saberes fundamento de ambos os direitos, o canónico e o civil[1].

Um dos malefícios cimeiros pelos quais se reprovavam os Estatutos Velhos de 1598 residia no senhorio absoluto do método analítico, que, aliás, sobreviveu apenas em duas cadeiras do final do curso, para o indispensável esgrimir dos alunos com a interpretação das normas. Em seu lugar, surgia um novo método, tomado do sistema alemão, que se designava de «sintético-demonstrativo-compendiário». Ao mestre pertencia oferecer uma imagem geral da disciplina, mediante a redução da matéria a um conjunto de doutrina ordenado e sistemático, subordinando a evolução expositiva a um rumo de crescente complexidade. Este método encontraria apoio na elaboração de manuais adequados, sujeitos a aprovação oficial[2].

3. Apontamentos de administração pública na execução compendiária da reforma pombalina dos estudos jurídicos

Os Estatutos da Universidade de 1772 traçavam, de modo meticuloso, o programa das diversas cadeiras. Ora, precisamente no âmbito da nova cadeira de direito português, além de se albergarem as noções preliminares e o estudo do direito pátrio particular, previa-se também uma desbravadora incursão ao domínio do direito pátrio público interno, onde se contemplavam matérias jurídicas atinentes à actividade da administração pública. Mas não foi tanto no desenho dos programas que se encontravam as amarras primígenas do ensino da administração pública, como, sobretudo, nas páginas de alguns compêndios que serviram a reforma pombalina.

---

[1] *Vide* FRANCISCO DE LEMOS, *Relação Geral do Estado da Universidade desde o principio da Nova Reformação até o Mez de Setembro de 1777,* Coimbra, 1980, págs. 48 e 56; MÁRIO JÚLIO DE ALMEIDA COSTA / RUI DE FIGUEIREDO MARCOS, *Reforma Pombalina dos Estudos Jurídicos,* in «Boletim da Faculdade de Direito», vol. LXXV (1999), págs. 85 e segs..

[2] *Vide* MÁRIO JÚLIO DE ALMEIDA COSTA, *Debate Jurídico e Solução Pombalina,* in «Boletim da Faculdade de Direito – Estudos em Homenagem aos Profs. Doutores M. Paulo Merêa e G. Braga da Cruz – II», vol. LVIII (1982), págs. 26 e seg..

Na óptica do legislador universitário, esquadrinhado o programa de forma absolutamente exaustiva, impunha-se garantir que recebesse uma pronta tradução em veste compendiária. Ficavam assim obrigados os professores à composição de manuais acomodados às lições das respectivas cadeiras. Aqueles que, mais de perto, tocaram, ainda que de maneira intermitente, as áreas da administração pública situavam-se na órbita da história do direito e, principalmente, do direito pátrio.

Relativamente ao assunto que nos ocupa, três vultos converteram-se nos executores compendiários mais destacados da reforma pombalina. Foram eles Pascoal José de Mello Freire dos Reis, que elaborou as famosas *Institutiones Iuris Civilis Lusitani cum publici tum privati*[1], Ricardo Raimundo Nogueira, que compôs umas opulentas *Prelecçoens de Direito Pátrio*[2], e, por fim, Francisco Coelho de Souza e Sampaio que também ofereceu à estampa umas *Prelecções de Direito Patrio Publico, e Particular*[3]. Em comum, têm o facto de haverem percorrido os primeiros passos no magistério de temas da administração pública em Portugal. Mais adiante, serão alvo da nossa atenção.

Cabe ainda uma merecida referência a António Ribeiro dos Santos, um nome que o tempo consagrou nos seus anais pelas conhecidas *Notas ao Plano do Novo Codigo de Direito Publico de Portugal*[4]. Trata-se de uma obra de subido valor que representa a censura torrencial com que Ribeiro dos Santos dardejou o projecto legislativo de Mello Freire e que, obrigatoriamente, desperta um vivo interesse em todos quantos se dedicam ao estudo da evolução histórica do direito público e do pensamento polí-

---

[1] *As Instituições de Direito Civll Português Tanto Público como Particular* encontram-se traduzidas por Miguel Pinto de Meneses, in «Boletim do Ministério da Justiça», n.os 169/166, 168 e 170/171.

[2] Acerca da tremenda missão de elaborar vários compêndios que experimentariam uso em diferentes cadeiras e que recaiu sobre o lente Ricardo Raimundo Nogueira, ver Rui de Figueiredo Marcos, *História do Direito. Relatório sobre o Programa, o Conteúdo e os Métodos de Ensino*, Coimbra, 1999, págs. 21 e seg..

[3] *Vide* Francisco Coelho De Souza e S. Paio, *Prelecções de Direito Patrio Publico, e Particular*, primeira e segunda parte, Coimbra, 1793 terceira parte, Lisboa, 1794. A mencionada obra encontra-se parcialmente reproduzida na colectânea de textos de António Manuel Hespanha, *Poder e Instituições na Europa do Antigo Regime*, Lisboa, 1984, págs. 395 e segs.

[4] *Vide* António Ribeiro dos Santos, *Notas ao Plano do Novo Codigo de Direito Publico de Portugal, do Dr. Paschoal José de Mello, feitas e appresentadas na Junta da Censura e Revisão em 1789*, Coimbra, 1844.

Quadros da História do Ensino da Administração Pública na Escola de Coimbra 27

tico português[1]. Mello Freire, autor do projecto, mostrara-se adepto das ideias absolutistas, enquanto Ribeiro dos Santos apregoava um liberalismo muito moderado. Ainda assim, a polémica entre ambos estalou com incontida ferocidade e o projecto de Código de Direito Público acabaria por soçobrar[2].

4. A reforma de 1805 e a omissão de um ensino autónomo da administração pública em Portugal

O espírito da reforma pombalina alonga-se pelo século XIX. Nas Faculdades de Leis e de Cânones, persistiam os quadros programáticos herdados de 1772. A organização dos estudos jurídicos continuava essencialmente a mesma. É, porém, sob o signo promissor de uma importante alteração das disciplinas professadas que a nova centúria irrompe. Urdidas por Monteiro da Rocha, surge um conjunto de providências que representaram um indubitável lance modernizador do ensino universitário e que vieram a constituir a chamada reforma de 1805.

Examinando o Alvará de 16 de Janeiro de 1805 que a tornou vigente, colhe-se, de imediato, que a principal novidade consistiu na expansão do ensino do direito pátrio até aí acantonado numa posição assaz modesta. Na verdade, o seu magistério alargou-se a três cadeiras, duas sintéticas e uma analítica, as quais se encontravam sintomaticamente distribuídas pelos três últimos anos do curso. Corrigia-se, assim, uma tibieza dos Estatutos da Universidade de 1772, cujos preceitos não acompanharam as exuberantes proclamas em favor do direito nacional que, amiúde, repetiam[3]. Mas, no que nos importa considerar, o ensino autónomo do direito administrativo e da administração pública continuavam a ficar guardados para mais tarde.

Encerramos agora o ciclo inaugural da história do ensino da administração pública. Abrangendo o arco temporal de 1772 a 1836, corresponde como que a um período submerso do ensino da administração pública, oculto no âmbito da história do direito e do direito pátrio. Em todo o caso,

---

[1] *Vide* José Esteves Pereira, *O pensamento político em Portugal no século XVIII: António Ribeiro dos Santos,* Lisboa, 1983.

[2] Sobre o tema, consultar F. P. Almeida Langhans, *O Novo Código de Direito Público de Portugal, in* «Estudos de Direito», Coimbra, 1957, págs. 357 e segs.

[3] Pode consultar-se o Alvará de 16 de Janeiro de 1805 na colectânea de José Maria de Abreu, *Legislação* Académica, coordenada, revista e ampliada pelo Dr. António dos Santos Viegas, vol. 1 (17721850), Coimbra, 1894, págs. 111 e segs.

sempre traduzirá um primeiro sopro vital. Nada disto se estranha. Vivia-se uma fase de intensa exaltação do culto histórico do direito em íntima aliança com o alvorecer do estudo universitário do direito pátrio, como se de almas gémeas se tratasse. A interpenetração dos campos de investigação resulta flagrante. Se é certo que o ensino do direito muito beneficiou dos subsídios da história, não soa menos verdadeira a afirmação de que a história do direito floresceu, em larga medida, à custa dos esforços laboriosos dos professores de direito pátrio.

Quer pelas obras que se publicaram, quer pelo conteúdo das cadeiras que se iam professando, não deixa de se afigurar eloquente que a administração pública se encontrasse de igual modo comprometida nos terrenos vicinais do direito pátrio e da sua história. Mas não só. A ciência do direito administrativo estava por nascer. Conforme bem explicou Guimarães Pedrosa, a circunstância de não figurar, nem na reforma de 1772, nem na reforma de 1805, a criação de uma cadeira de direito administrativo, ou de administração pública não causava espanto nenhum, «pois que só no primeiro quartel do século XIX começa a elaboração científica do direito administrativo, impulsionada por o princípio da divisão de poderes, desde que êste, por efeito da revolução de 1789, desceu do campo abstracto das teorias às leis fundamentais dos estados»[1]. O juízo do mestre era clarividente.

5. A história do ensino da administração pública na moderna Faculdade de Direito de Coimbra

O triunfo do liberalismo desencadeou, como não se ignora, uma expressiva reforma dos cursos jurídicos que se traduziu na criação da Faculdade de Direito de Coimbra, resultante da concentração das duas Faculdades jurídicas tradicionais. É certo que os Estatutos Pombalinos haviam já esboçado a unificação, ao promoverem um conjunto de cadeiras comuns a legistas e a canonistas. No seio da política liberal, essa medida afeiçoou-se ao propósito claro de desvalorizar o ensino do direito canónico e eclesiástico.

Agitada em 1833, a ideia da reunião das Faculdades de Leis e de Cânones apenas se verificaria, após diversas vicissitudes, durante a dita-

---

[1] *Vide* A. L. GUIMARÃES PEDROSA, *Curso de Ciência de Administração e Direito Administrativo. I – Introdução e Parte I, 2.ª* ed., Coimbra, 1908, pág. 5.

dura setembrista de Passos Manuel. A Faculdade de Direito, por injunção do Decreto de 5 de Dezembro de 1836, substituía as velhas Faculdades de Leis e de Cânones.[1] Em termos curriculares, a alteração de maior vulto recaiu no ensino do direito pátrio, que se converteu em objecto quase exclusivo dos três últimos anos do curso, desdobrando-se em direito público, direito civil (duas cadeiras), direito comercial e direito criminal. Assinale-se ainda que a economia política encetou a sua promissora carreira nas Faculdades de Direito e que se deu a inclusão, para os quintanistas, da medicina legal com cariz obrigatório.

Inaugurou-se então um modelo de ensino jurídico que se acreditou como afoitamente progressivo quando comparado com o que vingava além-fronteiras. A golpes de inconformismo, a Faculdade de Direito lançara-se em ímpetos de frutuosa actividade, pletóricos de neoformações, em que a cadência modernizadora se marcava pela autonomização de disciplinas e pela introdução de novos métodos.

Ao longo do século XIX, em especial antes da implantação da reforma de 1865, foram-se verificando apenas simples afinamentos curriculares e não alterações substanciais que mudassem por completo a face da reforma de Passos Manuel. Não espanta que se procurasse atribuir a dimensão adequada às disciplinas tradicionais que versavam o direito romano e o direito canónico e eclesiástico, nem suscita surpresa que se almejasse acolher, através de sucessivas reponderações, o estudo das várias matérias que os avanços jurídicos e pedagógicos iam aconselhando.

Para o assunto que nos ocupa, ou seja, o da inclusão do magistério da administração pública no ensino universitário, merece registo uma única transformação relativamente ao elenco originário das disciplinas instaurado na fundação da moderna Faculdade de Direito. Pois bem. O importante retoque assinalou o estabelecimento do direito administrativo como cadeira autónoma. Tratava-se de uma velha aspiração da Faculdade que a Carta de Lei de 13 de Agosto de 1853 justamente satisfez. Convém que expliquemos melhor o difícil trajecto que conduziu a este desenlace, porquanto foi pela mão do direito administrativo que a história da administração pública logrou entrar no claustro universitário. A ele tem permanecido umbilicalmente ligada.

---

[1] *Vide* PAULO MERÊA, *Como nasceu a Faculdade de Direito,* in «Boletim da Faculdade de Direito, suplemento XV – Homenagem ao Doutor José Alberto dos Reis, vol. 1», Coimbra, 1961, págs. 151 e segs.

Provinha, de longe, a ideia. Em esboço ousado, já em 1833 se vaticinara a possibilidade de se cindir a Faculdade de Direito em duas classes: a de Direito Civil e a de Direito Administrativo. De tão fracturante que era, a proposta condenou-se a si própria. Apesar disso, o interesse pelo direito administrativo não esmoreceu e, na altura do nascimento da Faculdade de Direito em 1836, logo se admitiu no terceiro ano uma vastíssima cadeira intitulada «Direito público português pela Constituição, direito administrativo pátrio, princípios de política e direito dos tratados de Portugal com os outros povos». A despeito de não gozar de um estatuto autónomo, o ensino do direito administrativo, confiado a partir de 1836 ao lente Basílio Alberto de Sousa Pinto, exibiu, desde os seus alvores, uma tendência para versar temas de administração pública, onde, não raro, o passado histórico estava muito presente.

Volvidos alguns anos, em 1843, quando se efectuou mais uma pequena reacomodação curricular, a Faculdade, procurando remediar outras deficiências que molestavam o seu ensino jurídico, viu-se forçada a criar uma nova cadeira, no quinto ano, de «Direito Criminal e Direito Administrativo». Representava um verdadeiro casamento por conveniência, só explicável pela necessidade de não agravar o débil orçamento do Estado. O insólito do facto nada nos cativaria. Curiosamente, porém, é sob o domínio dos estudos congregados do direito criminal e do direito administrativo, que irrompe a primeira referência programática explicita à história da administração.

Na verdade, com base nas lições proferidas ao curso de 1844/1845, Basílio Alberto de Sousa Pinto ofereceu à estampa uns *Apontamentos de Direito Administrativo, com referencia ao Codigo Admin. Portuguez de 18 de Março de 1842*, onde, num título preliminar, abordava precisamente a história da administração em geral e entre nós. No acerto do lente, a administração que, debaixo da direcção do governo, reunia os interesses particulares, harmonizando-os com os públicos, como «a seiva das árvores que corre do tronco para as extremidades», tinha uma história que a entretecia e que Basílio Alberto de Sousa Pinto não quis ignorar[1]. Mau grado o inevitável grau de ligeireza com que a exposição de Basílio Alberto versava

---

[1] Sobre a história da administração em geral e no nosso país, ver BASÍLIO ALBERTO DE SOUSA PINTO, *Apontamentos de Direito Administrativo com referencia ao Codigo Admin. Portuguez de 18 de Março de 1842*, Coimbra, 1849, págs. 4 e segs., e págs. 7 e segs.

a história da administração pública, isso de modo nenhum lhe retira o valioso carácter pioneiro.

A união forçada entre o direito criminal e o direito administrativo durou uma década. Em 1853, surgiu a cadeira autónoma de «Direito Administrativo Português e Princípios de Administração», tendo sido a sua regência confiada a Justino António de Freitas na condição de lente proprietário. Como não admira, o período inicial de funcionamento da disciplina alicerçou-se na adopção de manuais estrangeiros, *maxime* franceses. Não iria demorar muito que Justino António de Freitas tomasse sobre si a velha obrigação compendiária. Assim, logo no decurso de 1857, fez publicar as *Instituições de Direito Administrativo Portuguez*.

De enorme pendor descritivo quase inteiramente dirigido à organização administrativa, as *Instituições* de Justino António de Freitas não iludem a importância da história no domínio a que o autor se dedica. Cativara-o, em especial, o tema dos municípios e, a esse propósito, salientou que, à luz da ciência, se apresentava incontestável a necessidade de uma divisão harmónica entre os interesses gerais e locais de um país. Para tanto, importava consultar a história, sentenciando que «as lições do passado virão confirmar as admoestações do presente»[1]. A administração enquanto braço da sociedade e acção vital do governo não podia eximir-se a um permanente confronto com a história[2].

Justino António de Freitas representa bem o exemplo do paradigma que se instalou, a partir de meados do século XIX, entre os cultores de direito administrativo na Escola de Coimbra. Nunca foi um dos seus objectivos confessos inquirir a origem das instituições administrativas, detectar a respectiva filiação ou seguir-lhes o rumo. Tais tarefas constituíam a missão colossal dos historiadores, sempre dados a levantar construções feitas de vestígios. Daí que, embora encarecidos, os estudos de história da administração não tenham passado de respigos esparsos no conjunto das obras dos sucessivos titulares da cadeira de direito administrativo.

Valorizavam a história da administração pública, mas consideravam--na incumbência alheia. A seus olhos, o paciente exame das fontes reclamava dedicação exclusiva.

---

[1] *Vide* Justino Antonio de Freitas, *Instituições de Direito Administrativo Portuguez*, Coimbra, 1875, pág. VII do prólogo.

[2] *Vide, idem, ibidem*, pág. 2.

6. O aparecimento do Curso Administrativo no seio da Faculdade de Direito de Coimbra

6.1. *Modelo formativo originário*

Ao longo da segunda metade do século XIX, o ensino da administração pública na Faculdade de Direito de Coimbra não se circunscreveu apenas ao âmbito da cadeira de direito administrativo. A seu lado, a Carta de Lei de *13* de Agosto de *1853* instituiu um curso especial, denominado *Curso Administrativo,* em que se deveriam professar as habilitações indispensáveis para as carreiras da administração. Sem demora, o Conselho Superior de Instrução Pública, em consulta de 15 de Setembro de 1853, elevou à presença do rei uma proposta para a execução da referida lei[1]. O Curso Administrativo acabou por ser regulamentado pelo Decreto de 6 de Junho de 1854.

Importa atentar na estrutura do Curso Administrativo, porquanto se mostra reveladora de uma certa concepção do ensino da administração pública que ecoou em Portugal. Desde cedo se enraizara a ideia de que a administração, velando pelo passado e pelo futuro e não precisando de ser desafiada para que actuasse, necessitava de se apoiar num conjunto de saberes de uma enorme amplitude. A um administrador escrupuloso pedia-se que fosse quase enciclopédico. Tinha de dominar a economia política e a estatística, possuir algumas luzes de agricultura e das artes, não se denunciar como um hóspede fugídio nas ciências naturais e, diante das reclamações de higiene pública, não podia ainda desconhecer a medicina. Assim é que o suporte formativo na administração apresentava-se muito mais exigente do que na função judicativa, já que, a um magistrado, bastava não ignorar as leis para cumprir o sagrado preceito de *suum cuique tribuere.* Bem antes da criação do Curso Administrativo, expressara esta tese, com meridiana clareza, o velho lente Basílio Alberto de Sousa Pinto[2].

Tal entendimento não tardou a aparecer reflectido em veste legislativa. À imagem de vários países, delineou-se, entre nós, um Curso Administrativo alicerçado em diversas ciências, umas naturais e outras positivas. O Decreto de 6 de Junho de 1854 dividiu o curso em três anos,

---

[1] *Vide Conselho Superior de Instrução Publica – Relatórios,* conferência de 31 de Outubro de 1853, in «O Instituto» vol. II (1854), pág. 193.

[2] *Vide* BASILIO ALBERTO DE SOUSA PINTO, *Apontamentos de Direito Administrativo com referencia ao Codigo Admin. Portuguez de 18 de Março de 1842,* cit., pág. 4.

Quadros da História do Ensino da Administração Pública na Escola de Coimbra   33

colocando três cadeiras em cada um. Ao primeiro ano, ficaram a pertencer as cadeiras de princípios de física e química (1ª), princípios de direito natural e das gentes (2ª), e princípios de estatística, economia política e legislação sobre fazenda (3ª). Compunham o segundo ano as cadeiras de mineralogia, estudo de minas e sua legislação (4ª), direito público universal, direito público português, princípios de política direito dos tratados de Portugal com outras nações (5ª) e, como 6ª cadeira, direito civil português. Para o terceiro ano, reservaram-se as cadeiras de agricultura, economia e legislação rural, tecnologia (7ª), direito criminal português e comparado (8ª) e, finalmente, a 9ª e última cadeira de direito administrativo português e princípios de administração.

Ao quadro complexo de disciplinas adoptado estava subjacente o voto de que uma formação integral em administração pública reclamava o domínio das matérias necessárias para dirigir, em termos adequados, qualquer intervenção de natureza administrativa. Não bastava que se considerasse apenas o ângulo jurídico das instituições administrativas e o ensino do direito que as regia. Importava que a administração não prescindisse dos conhecimentos científicos que a podiam nortear na sua actuação[1]. Nem se diga que isso constituía tarefa ancilar de peritos, pois havia pelo menos que ajuizar sempre acerca da respectiva imparcialidade e só uma preparação científica completa o lograria fundadamente. Com tamanho grau de exigência, não admira que o artigo 8.° do Decreto de 6 de Junho de 1854 assinalasse que o governo devia preferir, para os lugares de administração, os diplomados pelo novo curso da Faculdade de Direito de Coimbra.

O Curso Administrativo, ao invés do que se tem sugerido, não nasceu malsinado. Experimentou até um benévolo acolhimento no ano lectivo em que abriu as portas. Não foram poucos os alunos da Faculdade de Direito

---

[1] São deveras esclarecedores os exemplos escolhidos, a este propósito, por Frederico Laranjo: «a nossa legislação sobre minas manda que as autoridades administrativas as inspeccionem, e no caso de desastre se dirigiam ao local e dêem conta dela e das suas causas, etc.; o direito administrativo ensinou esta disposição da lei, mas não pode ensinar a conhecer as causas dos desastres, os remedios convenientes. Outro exemplo: a lei confia ás auctoridades administrativas a inspecção de asylos, hospicios, etc.; o direito administrativo ensina-lhes que têm esta obrigação, mas não as ensina a conhecer se os estabelecimentos que inspeccionam estão em convenientes condições hygienicas; é pois preciso que a administração tenha conhecimentos das sciencias que a podem encaminhar na sua actuação». *Vide* JOSÉ FREDERICO LARANJO, *Principios e Instituições de Direito Administrativo*, 2.ª ed., Coimbra, 1894, pág. 13.

34   *História da Administração Pública*

que se matricularam no novo curso de que o País tanto carecia[1]. Em breve, porém, o Curso Administrativo iria atravessar sérias vicissitudes. A sua frequência esmoreceu e o curso nunca se afirmou em definitivo.

6.2. *Polémica em torno de uma Faculdade de Ciências Administrativas*

Em 1863, pela mão de João Baptista da Silva Ferrão de Carvalho Martens, regressava a ideia da criação de duas secções ou de dois cursos na Faculdade de Direito de Coimbra. O curso de leis e o curso de administração. Para o assunto que mais de perto nos toca, avultam, no plano esboçado do Curso Administrativo, as disciplinas de história da administração, instituições de direito administrativo português e comparado, bem como de processo administrativo[2]. Mau grado o inêxito da proposta, salienta-se, em gesto de reconhecimento do seu interesse formativo e valiosa utilidade, a tentativa precoce de autonomizar a história da administração pública.

Voltou a reacender-se a polémica questão de uma Faculdade de Ciências Administrativas em 1866, quando se delineou um ensaio de reforma do ensino superior da iniciativa do ministro do Reino Martens Ferrão. Um dos lineamentos principais da mencionada reforma alvitrava a conveniência de o ensino da Faculdade em Direito se desdobrar em duas secções: uma de ciências jurídicas e outra de ciências administrativas, económicas e financeiras[3]. O Conselho da Faculdade, em cumprimento das disposições da Portaria de 6 de Julho de 1866, elaborou um extenso parecer em que se manifestava absolutamente contrário à cisão em duas secções.

---

[1] No relatório anual (1853-1854) do Conselho Superior de Instrucção Pública, pode ler-se que, sem agravar o tesouro mais do que importava o custo de uma cadeira e respectiva substituição na Faculdade de Direito, «conseguiu-se estabelecer na Universidade um novo curso especial de habilitação para cargos e empregos administrativos, de que tanto se carecia; e pelas matriculas, realisadas em Outubro, se vê que muitos alunos da faculdade de direito se destinam também a essa habilitação especial». *Vide Relatorio annual. 1853-1854,* in «O Instituto», vol. V (1857), pág. 169.

[2] O plano do Curso Administrativo da autoria de Ferrão de Carvalho Martens pode encontrar-se no estudo de PAULO MERÊA, *Esboço de uma História da Faculdade de Direito,* in «Boletim da Faculdade de Direito», vol. XXIX (1953), pág. 141.

[3] *Vide* MÁRIO JÚLIO DE ALMEIDA COSTA, *O Ensino do Direito em Portugal* no *Século XX. Notas sobre as Reformas de 1901 e de 1911,* Coimbra, 1964, págs. 27 e seg., nota 51.

Quadros da História do Ensino da Administração Pública na Escola de Coimbra   35

Nada o parecia aconselhar. Nem nos princípios da ciência jurídica se descobriam os fundamentos racionais para tamanha separação, nem os resultados práticos se antolhavam proveitosos, nem os exemplos estrangeiros oriundos das nações mais cultas e adiantadas depunham nesse sentido. Aprovar a divisão significava admitir a subsistência de um centro doutrinal autónomo para cada uma das secções. Implicava ainda aceitar que, na primeira secção, predominava o elemento jurídico, ao invés da secção de ciências administrativas, económicas e financeiras, onde falecia essa mesma vertente ou se subalternizava. Além disso, haveria sempre pessoal docente privativo de cada área, levando vida separada. Em desenlace inevitável, seriam mais propriamente duas Faculdades do que duas secções.

6.3. *O projecto de reforma de 1867*

O Conselho da Faculdade de Direito mostrou-se peremptório na recusa das duas secções. Não via rigor lógico na bifurcação, pois, em seu entender, não existam realmente dois hemisférios doutrinais distintos e independentes, a ponto de conduzirem à justificação de um plausível seccionamento. Ora, conforme se declarou *ex alto*, «o direito é um só, variado apenas nas suas apllicações: e, se constitue differentes ramos, segundo a diversidade das relações que dirige e regula, existe entre eles tal comunidade de origem e de principios, e entrelaçam-se com tão intimas e avultadas ligações, que não consentem tão radical separação»[1]. Ao princípio da unidade do direito devia corresponder harmonicamente a unidade do seu ensino numa só e indivisa Faculdade.

Examinando o problema pela pauta europeia, a solução acreditada como mais vantajosa nas universidades estrangeiras não sustentava a fractura do ensino jurídico. A lição germânica foi decisiva. A Faculdade de Administração de Tubingen, no Wurtemberg, onde muitos consideravam que funcionava um ensino modelar, compunha-se principalmente de cadeiras estranhas à ciência jurídica. Uma vez que os bens nacionais assumiam uma tremenda importância, ganhara vulto o magistério em torno de

---

[1] *Vide Parecer do Conselho da Faculdade de Direito de 4 de Fevereiro de 1867,* pág. 4. O referido parecer foi publicado pela Imprensa da Universidade. O exemplar que compulsámos encontra-se na Biblioteca Geral da Universidade de Coimbra, *Miscelâneas,* vol. DCCIX, n.º 12100.

temas agrícolas e florestais. Os estudos declaradamente jurídicos, que habilitavam aos diferentes ramos de administração, realizavam-se no seio dos cursos regulares da Faculdade de Direito. Por inútil, nunca se chegou a organizar um ensino jurídico especial na Faculdade de Administração.

Alinhava pelo menos padrão organizativo a Faculdade de Administração de Munique, na Baviera, deslocando a frequência das cadeiras jurídicas para a Faculdade de Direito. A Prússia, cuja grandeza era, em larga medida, atribuída a uma bem organizada administração, repelira, quer a ideia do estabelecimento de uma Faculdade especialmente dedicada ao estudo da administração pública, quer a existência de uma secção especial de administração na Faculdade de Direito. Por idêntico ponto de vista, enfileiraram, em França, as Faculdades de Direito de Paris, Grenoble e Poitiers.

A Faculdade de Direito de Coimbra, posto que se manifestasse contra uma divisão interna em ciências jurídicas e ciências administrativas, aconselhou a manutenção do Curso Administrativo, depois de remodelado.

Todavia, as mudanças propostas estavam longe de ser radicais. Sugeriu-se a eliminação das cadeiras de física e de química, pois tais conhecimentos encontravam-se supridos pelos estudos preparatórios. Caso se optasse por prolongar o Curso além dos três anos, já se alvitrava a inclusão daquelas duas cadeiras e ainda de uma outra que versasse as importantes matérias de medicina legal e de higiene pública. Na vertente jurídica do Curso Administrativo, a Faculdade limitava-se a salientar a utilidade que julgava existir na criação de uma cadeira, na qual se professasse direito civil, comercial e penal nas suas relações com a administração, bem como onde se transmitissem noções gerais sobre os respectivos processos. Para não sobrecarregar a despesa, a regência desta ecléctica disciplina seria confiada a um dos lentes substitutos da Faculdade de Direito.

6.4. *O parecer de Emídio Garcia a respeito do Curso Administrativo*

Denotando a importância que se reconhecia ao Curso Administrativo, Manuel Emídio Garcia, na qualidade de membro da comissão encarregada pela Faculdade de Direito de redigir o projecto de resposta aos quesitos incluídos na Portaria do Ministério do Reino de 6 de Junho de 1866, resolveu dedicar-lhe um extenso relatório, em que, nalguns aspectos, dissentia do parecer saído da sua Faculdade. Embora admitisse a total inconveniência da cisão da Faculdade em duas secções, não deixava de julgar do maior interesse a conservação do Curso Administrativo. Respigaremos apenas o essencial das notas divergentes.

As dissonâncias centravam-se no quadro das disciplinas que deviam constituir o referido Curso. Emídio Garcia votava no deliberado reforço da dimensão cientifica e tecnológica. A abrir, advogou logo o ensino da química orgânica. Incumbia à administração, nas vistas largas de Emídio Garcia e entre um leque irradiante de tarefas, a polícia sanitária, a fiscalização dos géneros alimentares, o processo de licenciamento das indústrias insalubres, perigosas e incómodas, o fomento da agricultura e da indústria pecuária, e a concessão à exploração de jazigos metalíferos. Ora como fiscal, ora como executor, o funcionário administrativo tinha de possuir sólidos conhecimentos na respectiva área de actuação. Estando em jogo a organização de um curso destinado a servir de habilitação científica e profissional a quem almejasse dedicar-se à carreira da administração pública, Emídio Garcia achava intolerável a ignorância dos ramos científicos e das regras tecnológicas que tocassem a palpitante vida administrativa. A coadjuvação de peritos não dispensaria nunca o funcionário administrativo de se pronunciar em termos conscienciosos, de molde a obstar a qualquer precipitação ou a corrigir uma eventual parcialidade de juízo.

A Faculdade concedera que os conhecimentos relativos à mineralogia, geologia, arte de minas, agricultura, zootecnia e economia rural eram importantes no contexto programático do curso. Todavia, esqueceu que entrar, logradamente, nos domínios daquelas ciências implicava possuir noções suficientes de física e, sobretudo, de química. Daí que Emídio Garcia reputasse conveniente, indispensável até, que no «curso theorico de sciencias administrativas, direito e legislação correspondente, se comprehendam: a chimica inorganica pelo menos, a geologia com a mineralogia e com a arte de minas, a agricultura com a zootechnia, economia rural e technologia agricola, que actualmente se professam na Faculdade de Philosophia quando não possam ser professadas em cadeiras especiaes»[1].

Manuel Emídio Garcia não pretendia fazer dos funcionários administrativos químicos, geólogos ou engenheiros hidráulicos e de minas, mas sustentava ser altamente vantajoso que adquirissem noções científicas precisas. Só assim poderiam usar, com rigoroso critério, a oportunidade de

---

[1] *Vide* MANUEL EMYGDIO GARCIA, *Organização do Curso Administrativo. Relatorio e voto especial*, Coimbra, 1867, pág. 9.

iniciativa que as leis e os regulamentos administrativos lhes conferiam. Não há que estranhar esta orientação proposta pelo lente.

O apego ao cientismo de Emídio Garcia encontra-se em perfeita sintonia com o clima doutrinal que a época exaltava de forma veemente. Aliás, no âmbito do direito político e do direito administrativo, Emídio Garcia foi o introdutor da corrente positivista na Faculdade de Direito de Coimbra, a qual se propagou, em seguida, às restantes disciplinas. Como professor de ciência da administração e de direito administrativo, Emídio Garcia esmerava-se com tal ardor na exposição das doutrinas sociológicas segundo os princípios da filosofia positivista de Comte que, não raro, perdia de vista o direito[1]. Emídio Garcia, ao fim e ao cabo, sulcou com o mesmo voto cientista a face do Curso Administrativo que desenhou.

Ao arrepio do parecer da Faculdade, também na componente especificamente jurídica do Curso Administrativo, Emídio Garcia sustentou ideias próprias. Considerava o direito comercial alheio à administração pública interna. Não vislumbrava grande utilidade na análise dos fundamentos filosóficos do direito penal para funcionários, nem se mostrava adepto da inclusão da filosofia do direito no Curso Administrativo. Agora, já não se poderia deixar de ensinar a polícia como «um dos ramos mais vastos da administração publica ou antes o complemento indispensavel de todos os actos e negocios administrativos»[2].

Muito importava ainda, na visão de Emídio Garcia, ligar a teoria à prática. Por isso, os alunos deviam receber uma preparação igualmente cuidada no dominio da prática da administração, tocando a aprendizagem tirocinada, quer a administração graciosa, quer a administração contenciosa. A importância do tema sobrepujava-se na medida em que não estava decretado então o noviciado administrativo e, por conseguinte, à mingua de noções práticas, tornar-se-ia deveras embaraçoso lidar depois com a vida forense. Assim, Emídio Garcia preconizava a existência de uma cadeira onde se ensinasse o direito policial e o processo administrativo, na qual os estudantes se exercitassem na prática da administração.

O Curso Administrativo, na proposta de Emídio Garcia, distribuía-se por quatro anos, conferindo o grau de bacharel em ciências económicas e

---

[1] *Vide* Manuel Braga da Cruz, *Para a história da sociologia académica em Portugal*, in «Boletim da Faculdade de Direito – Estudos em Homenagem aos Profs. Doutores M. Paulo Merêa e G. Braga da Cruz – II», vol. LVIII (1982), pág. 79.

[2] Vide Manuel Emygdio Garcia, Organização do Curso Administrativo, cit., pág. 12.

administrativas. Iria contribuir decerto para debelar a crónica enfermidade que era o preenchimento da máquina administrativa por homens sem habilitações cientificas e literárias. No fundo, o Curso Administrativo representava uma garantia de capacidade e de aptidão para o desempenho do serviço público, que Emídio Garcia pretendia ver alargada não só à administração local, mas também ao estado maior da administração. Diante das várias posições expostas, o governo, tolhido pela hesitação, acabou por nada decidir.

6.5. *Reponderações do magistério administrativo no último quartel do século XIX*

As várias tentativas de reconsideração dos estudos jurídicos que se esboçaram no último quartel do século XIX não permitiam viver um período de tranquilo respiro. Ainda não findara o ano de 1880, já a Portaria de 20 de Dezembro sobressaltava a Faculdade, com a exigência da ascensão de uma consulta que contemplasse as reformas tidas por necessárias ao progresso do ensino. Uma vez mais, o Conselho da Faculdade de Direito de Coimbra resolveu nomear uma comissão, desta feita composta pelos Doutores Pedro Monteiro, Bernardo de Albuquerque e Lopes Praça.

A Comissão ergueu, em 1883, um projecto de reforma do plano de ensino, em que reconhecia não ter ainda o nosso país dispensado à administração pública a atenção que se impunha. Movida por tal entendimento, sustentava, para além de uma disciplina intitulada «Sciencia da administração e direito administrativo portuguez, comprehendendo: a) organização administrativa b) matéria administrativa c) contencioso administrativo e practica respectiva», a criação de uma nova cadeira em que se versasse a administração colonial. Designar-se-ia «Principios gerais de administração colonial: administração colonial portugueza, sua apreciação e legislação respectiva». Só que esta cadeira surgiria à custa da supressão do direito romano. A Comissão reputava-o vantajosamente substituído, sobretudo para o jurista que, ao sair da Universidade, partia, como empregado público, rumo a qualquer das nossas colónias, carecendo em absoluto de conhecimentos seguros acerca da administração colonial pátria[1]. Atenuava-

---

[1] Veja-se o *Projecto de reforma de reorganização dos estudos professados na Faculdade de Direito elaborado pela commissão, para este fim nomeada em Conselho da Faculdade de 16 de Fevereiro de 1883* (Imprensa da Universidade), na Biblioteca Geral

-se o banimento da cadeira de direito romano e aquietava-se o fervor romanista através da exposição histórica e doutrinal do direito civil português nas cadeiras que lhe estavam destinadas. Não foi outro o pensamento da Comissão.

No parecer que elaborou em apreciação ao projecto de 1883, Manuel de Oliveira Chaves e Castro, depois de relancear o sistema de ensino nas mais importantes Faculdades de Direito europeias, não se coibiu de dardejar a solução encontrada para a sétima cadeira, que introduzia a administração colonial. Considerava-a inteiramente desnecessária, porquanto a legislação colonial pouco diferia da disciplina jurídica da metrópole. Os grandes diplomas regiam, a um tempo, o Reino de Portugal e as suas possessões ultramarinas[1]. A seus olhos, a abolição do direito romano para dar lugar à administração colonial não fazia sentido. Impunha-se, pelo contrário, conservar senão ampliar o espaço concedido ao direito romano, em nome das múltiplas razões que abonavam o seu estudo na Faculdade de Direito. Segundo Chaves e Castro, servia o direito romano «para educar scientificamente o espirito dos mancebos, acostumando-os a raciocinar com rigor e exactidão, a conhecer a razão justificativa das disposições da lei, e a expor suas ideias com methodo e systema; ao que se não presta nenhum dos outros ramos do direito pelas condições de variabilidade a que está sujeito, e por não ser tão methodica e systematicamente deduzido»[2]. Nada disto subtraía o relevo atribuído por Chaves e Castro ao magistério do direito administrativo. Um ramo do direito que reputava complementar do direito público interno, porque «regula a acção administrativa do poder executivo, tanto quando provê directamente aos serviços publicos (administração propriamente dicta), como quando decide os litígios provenientes dos actos da administração (administração contenciosa)»[3].

A Faculdade de Direito perseverou no voto reflexivo acerca do aperfeiçoamento do seu ensino. Na sequência da Portaria de 5 de Junho de *1886* oriunda do gabinete de José Luciano, o Conselho voltava a designar

---

da Universidade de Coimbra, *Miscelâneas, vol. DCCVII,* n.º 12059, pág. 5, quanto ao novo elenco de cadeiras, pág. 9.

[1] *Vide* MANUEL DE OLIVEIRA CHAVES e CASTRO, *Parecer sobre o Projecto de Reforma dos Estudos Professados na Faculdade de Direito elaborado pela Comissão para este fim nomeada em Conselho da Faculdade de 16 de Abril de 1883,* Coimbra, 1884, pág. 101.

[2] *Vide, idem, ibidem,* págs. 74 e seg.

[3] *Vide, idem, ibidem,* pág. 78, e, sobre o Curso Administrativo, embora sem avançar sugestões inovadoras, pág. 79, nota 1.

Quadros da História do Ensino da Administração Pública na Escola de Coimbra   41

uma outra comissão, à qual pertenceram os Doutores Avelino Calisto, Guimarães Pedrosa e Frederico Laranjo. Encarregada esta Comissão de preparar um novo projecto que reformulasse os estudos professados na Faculdade de Direito, submeteu-o ao juízo severo da Congregação, em 16 de Outubro de 1886[1].

Um dos domínios que continuou a erigir-se em alvo predilecto de avanços e de retrocessos foi o ensino da administração pública. O Curso Administrativo, no desenho que o projecto de reforma de 1886 lhe reservou, distribuía-se por três anos e compunha-se de nove cadeiras. Na Faculdade de Direito, ministrar-se-iam seis delas, a saber: direito público, economia política, direito administrativo, direito eclesiástico, direito penal e direito internacional. A Faculdade de Filosofia contribuía com a cadeira de agricultura. Os estudantes rumariam ainda à Faculdade de Medicina, onde tinham de concluir duas outras cadeiras: a de higiene e a de medicina legal[2].

7. A reforma de 1901 e o posterior abandono do Curso Administrativo

A Universidade de Coimbra, ao romper do século XX, abraseava num vivo debate em torno da remodelação global do seu ensino. Instada a pronunciar-se pelo gabinete de Ernesto Rodolfo Hintze Ribeiro e não insensível ao apelo, a Faculdade de Direito designou uma comissão integrada por Dias da Silva, Guilherme Moreira e Marnoco e Sousa, com o encargo de elaborar um relatório sobre a parte concernente ao respectivo magistério. Aprovado sem alterações em Congregação extraordinária de 2 de Março de 1901, o parecer emitido forneceu as bases da reforma que o Decreto n.º 4, de 24 de Dezembro de 1901, coroou[3].

Ocupemo-nos apenas do magistério da administração pública. A reforma de 1901 determinou que o ensino da Faculdade de Direito abrangesse um curso geral e três cursos especiais: o administrativo, o diplomático e o colonial. De forma unissonante, em todos eles apareciam as

---

[1] Assumiu o encargo de relator José Frederico Laranjo.

[2] Sobre o *Curso* Administrativo, ver *Faculdade de Direito – Projecto de Reforma apresentado ao Conselho da mesma Faculdade pela Comissão nomeada em 17 de Junho de 1886,* in «*O* Instituto», vol. *XXXIV* (Julho de *1886* a Junho de 1887), págs. *279* e segs., especialmente, pág. 322.

[3] *Vide* MÁRIO JÚLIO DE ALMEIDA COSTA, *O Ensino do Direito em Portugal no Século XX,* cit., págs. *7* e segs.

cadeiras de ciência da administração e de direito administrativo e, como grande novidade, a de administração colonial. Esta, segundo o relatório do Decreto de 1901, tornava-se deveras necessária, já que não havia no País um curso oficial que formasse convenientemente os funcionários encarregados da administração nas colónias portuguesas. Ora, sem preparação adequada por meio de um curso próprio, escusado seria pensar em funcionários idóneos para tarefas administrativas. Daí que se encarecesse o estabelecimento do Curso Colonial que a reforma de 1901 trouxe consigo[1].

Diante de um panorama que persistiria desolador, a reforma de 1901 contemplava também uma espécie de refundação do velho Curso Administrativo. Com efeito, o relatório do Decreto n.º 4, de 24 de Dezembro de 1901, não se coibiu de anunciar, a um tempo, a sua morte e pronta ressurreição, quando declarou de modo sentencioso: «Existe um curso administrativo na Universidade, mas tem um caracter tam esdrúxulo que melhor seria extingui-lo e criar outro para o substituir, em harmonia com antigas reclamações da faculdade de direito»[2]. Isso mesmo veio acontecer através de um novo figurino legal do Curso Administrativo. Compunha-se agora de doze cadeiras, igualmente distribuídas por três anos[3].

A um breve relance, logo ressalta uma importante diferença de perspectiva quanto à concepção do Curso Administrativo que se pretendia estabelecer. Ao contrário de projectos anteriores, o Curso Administrativo

---

[1] O Curso Colonial constituía motivo de preferência no provimento dos lugares de secretários e outros empregos das secretarias dos governos do ultramar, inspectores e funcionários das repartições de fazenda, administradores ou chefes dos concelhos, oficiais e chefes de repartição da direcção geral do ultramar, intendentes e quaisquer outras colocações inseridas na administração ultramarina compatíveis com as habilitações referidas.

[2] Saída da Imprensa da Universidade, existe uma publicação subordinada ao título *Reforma dos Estudos da Universidade de Coimbra pelo Decreto n.º 4 de 24 de Dezembro de 1901*, Coimbra, 1902. Encontrei um exemplar na Biblioteca Geral da Universidade de Coimbra, *Miscelâneas, vol.* DCCXII, n.º 12146. Mas, por comodidade de consulta, citaremos o texto do Decreto n.º 4, de 24 de Dezembro de 1901, a partir do «Annuario da Universidade de Coimbra», anno lectivo de 1902-1903, secção III, págs. *3* e segs., quanto à parte do relatório mencionada a respeito do Curso Administrativo, pág. 21.

[3] O novo Curso Administrativo constituía habilitação para os lugares de administradores de concelho de 1.ª classe e representava motivo de preferência no provimento dos cargos de oficiais dos governos civis e secretários de administração de concelho e câmaras municipais. Veja-se o artigo 106.º, § único, do Decreto n.º 4, de 24 de Dezembro de 1901, in loc. cit., pág. 50.

Quadros da História do Ensino da Administração Pública na Escola de Coimbra   43

esculpido pela reforma de 1901 dava súbita ordem de banimento à vertente científica, o que se traduziu na abolição das disciplinas que se frequentavam na Faculdade de Filosofia. Apenas se consentiu na manutenção das cadeiras de Medicina Legal e de Higiene professadas pelos lentes da Faculdade de Medicina.

O Curso Administrativo quase se encerrou em torno do direito. Porventura, terá representado o lance salvífico que os reformadores de 1901 vislumbraram como resposta à crónica aversão dos estudantes ao mundo das ciências exactas. A verdade é que o Curso Administrativo mais parecia um curso geral abreviado. E tanto assim se apresentava que passou a incluir nada menos de dez cadeiras jurídicas comuns ao curso geral[1].

Importa, porém, reconhecer que o novo modelo do Curso Administrativo destoava do clima de cientismo que rodeara a reforma de 1901[2]. Uma outra marca estranhamente contrastante era a patente omissão de uma disciplina de história da administração pública, só justificável, ou pelo imperativo orçamental de não gastar, ou pelo carácter abreviado do curso. Senão vejamos.

No domínio dos estudos jurídicos, respirava-se uma atmosfera diferente em relação a tempos não muito longínquos. Desde há duas décadas atrás que se assistia a uma progressiva introdução das concepções positi-

---

[1] Eis a repartição das cadeiras do Curso Administrativo por três anos, tal qual a delineou a reforma de 1901:

1.º Ano

1.ª cadeira – Princípios Gerais de Direito Civil. Direito Civil (3.ª do curso geral).
2.ª cadeira – Ciência Económica e Direito Económico (6.ª do curso geral).
3.ª cadeira – Ciência Política e Direito Constitucional (7.ª do curso geral).
4.ª cadeira – Direito Eclesiástico Português (11.ª do curso geral).

2.º Ano

5.º cadeira – Ciência da Administração e Direito Administrativo (9.ª cadeira do curso geral).
6.ª cadeira – Ciência das Finanças e Direito Financeiro (10.ª cadeira do curso geral).
7.ª cadeira – Direito Civil (5.ª do curso geral).
8.ª cadeira – Sociologia Criminal e Direito Penal (14.ª do curso geral).

3.º Ano

9.ª cadeira – Direito Civil (8.ª do curso geral).
10.ª cadeira – Direito Internacional (19.ª do curso geral).
11.ª cadeira – Medicina Legal (14.ª da Faculdade de Medicina).
12.ª cadeira – Higiene (15.ª da Faculdade de Medicina).

[2] Sobre o Curso Administrativo no quadro da reforma de 1901, ver, por todos, A. L. GUIMARÃES PEDROSA, *Curso de Ciência da Administração e Direito Administrativo. Introdução e Parte I (Parte geral)*, 2.ª ed., Coimbra, 1908, pág. 13 e nota 1.

vistas e sociológicas em várias cadeiras. A história do direito não iria escapar à influência conformadora de semelhante orientação que a reforma de 1901 consagrou. O relatório da Faculdade que serviu de vestíbulo à lei já afirmara, sem rodeios, tal entendimento aplicado à história do direito. Proclamando que os avanços registados nos diversos ramos jurídicos se deviam principalmente ao uso constante da observação e comparação dos factos e ao emprego do método indutivo, exalçava-se a história jurídica como um vasto laboratório de experiências passadas.

Na ponderação do relatório, a história encerrava um valor bifronte. Não só permitia a verdadeira explicação dos institutos jurídicos, mostrando as necessidades que os determinaram num pulsar harmónico com as condições do meio ambiente onde despontaram, mas também, ao indicar as leis que regulavam o desenvolvimento desses institutos, fornecia elementos seguros para a reforma do direito positivo em todas as suas modalidades. Eis a eloquente justificação por que a história do direito «é a melhor escola para a formação do espírito jurídico, visto se encontrarem nella os recursos mais próprios para interpretar correctamente a lei e apreciar as garantias de duração e de transformação das suas disposições»[1]. Há aqui uma pequena nota digna de registo e que até agora tem passado despercebida. Pretendemos aludir à recepção literal deste preciso acerto glorificante da história do direito no Decreto de 1901 que, em boa verdade, transcreve o documento saído do labor da Faculdade.

Assumiu o Decreto de 1901 um voto confesso na ampliação do estudo da história do direito. Se, em virtude do triunfo das doutrinas positivas de Augusto Comte, das teorias transformistas de Darwin e do evolucionismo crítico de Herbert Spencer, a ideia de direito surgia enfeudada a uma concepção organicista e social, impunha-se que, para compreender o organismo jurídico, se examinasse a sua elaboração histórica. Divinizava o axioma do carácter eminentemente social dos fenómenos jurídicos numa espessa teia de conexões e de interdependências, de que a urdidura histórica constituía uma representação fiel.

Expressamente, o Decreto de 1901 tomava a lição de Hinojosa. À história do direito, por um lado, pertencia facilitar a interpretação dos preceitos jurídicos vigentes, dando a conhecer as causas que os originaram, as necessidades que vieram satisfazer e a intenção que imperou no ânimo do

---

[1] Trata-se de um fragmento do já mencionado «Relatório da commissão incumbida de dar parecer sobre as bases de reforma da Universidade». *Vide Arquivo* da Universidade de Coimbra, *Actas da Faculdade de Direito,* liv. IX (1898-1912), ff. 32 v.

Quadros da História do Ensino da Administração Pública na Escola de Coimbra 45

legislador ao promulgá-los. Por outro lado, cabia-lhe oferecer préstimos valiosos acerca do aperfeiçoamento das instituições jurídicas, revelando as leis que presidem à evolução geral do direito e ao peculiar de cada povo, sem esquecer a análise decisiva da influência benéfica ou nefasta das normas jurídicas na vida social. Ressaía assim a unidade de vistas entre o parecer da Faculdade de Direito e a reforma que se decretou em 1901.

Acompanhando a prometida expansão, o ensino da história jurídica espraiou-se por duas cadeiras: uma dedicada à «História Geral do Direito Romano, Peninsular e Português» e outra em que se professava a «História das Instituições do Direito Romano, Peninsular e Português»[1]. Correspondia, no pensamento do legislador, a uma nova forma de traduzir a velha *summa divisio* entre história externa e história interna cuja autoria remontava a Leibnitz. A despeito de prenúncios em tentativas reformistas anteriores, era agora que se consumava a contaminação do direito romano pela história[2]. Cumpre explicar este particular senhorio.

O clima de louvor que incensava a história do direito colheu, de golpe, a vida do direito romano enquanto disciplina autónoma. Mas isso não envolvia desprimor algum em relação ao valor dos *ius romanum*. A lei que decretara a sua morte era a mesma que proferia um elogio nada condizente com a circunstância fúnebre, pois reconhecia conservar o direito romano uma importância excepcional. Aliás, o grande mentor do relatório da Faculdade de Direito, Marnoco e Sousa, enfileirava entre os fervorosos adeptos da autonomia do direito romano[3].

A raiz de tão insólita situação encontrava-se nas concepções que

---

[1] Em juízo unissonante, também o parecer elaborado pela Faculdade de Direito recomendava que, pelo menos, houvesse duas cadeiras de história do direito, tanto mais que só assim podia ser convenientemente suprida a lacuna que resultava da eliminação da cadeira de direito romano. E isto correspondia apenas a uma opção minimista, pois o argumento da Faculdade apressava-se a reconhecer que as escolas de direito das nações mais progressivas não faziam o seu ensino sem três cadeiras de história do direito, como se inferia da organização das Faculdades de Direito alemãs, italianas e francesas. *Vide* Arquivo da Universidade de Coimbra, *Actas da Faculdade de Direito*, liv. IX (1898- -1912), ff. 32 v.

[2] Relembra-se que, em idêntico trilho historicista, já se colocara o projecto de reforma de 1886, ao sugerir a criação da cadeira de «Historia externa e interna do direito romano, do da edade media e do direito português até ao estabelecimento do regimen liberal».

[3] Precisamente, em Congregação de 26 de Fevereiro de 1901, Marnoco e Sousa defendera a autonomia do direito romano. *Vide* Arquivo da Universidade de Coimbra, *Actas da Faculdade de Direito*, liv. IX (1889-1912), fl. 29 v.

preenchiam o espírito da época. O direito romano aparecia inexoravelmente inscrito no imenso filão da história. Constituía, segundo a visão da reforma de 1901, uma fase natural da história peninsular, não se podendo, por isso, desprender esta história da influência daquele direito, mau grado os esforços de certos eruditos germanistas[1]. O direito romano representava um simples elemento do *iter evolutionis* no plano jurídico[2]. Daí que se considerasse justamente indicado ligá-lo ao processo evolutivo anterior e posterior do nosso direito português.

As orientações professadas em 1901, ao contrário do que se poderia supor, não fizeram despontar a autonomia da história da administração pública no seio do claustro universitário. A afoiteza com que os lentes da Faculdade de Direito exploraram as virtudes da aplicação de um método científico de pendor sociológico não surtiu, no domínio que nos ocupa, um efeito semelhante ao produzido noutras disciplinas. De acordo com a lição prevalecente, as ciências sociais estavam ligadas entre si e, intimamente, a toda a realidade cósmica. Não poucos pugnavam por uma concepção de raiz social que encarasse a vida colectiva no seu conjunto, para determinar, com rigor, a génese e as transformações do fenómeno jurídico. Postergada ficava a historiografia que endeusava a doutrina providencialista dos grandes homens.

À história das instituições apontava-se um novo rumo. Aquela devia abandonar, em definitivo, o velho carácter descritivo e nacional que a dominara durante largo tempo, para, em cima desses escombros, se erguer uma história das instituições de feição genética. A sua missão precípua residiria, por conseguinte, em surpreender a origem das instituições, acompanhá-las nas suas mudanças de fisionomia e de sentido, descobrindo nas condiçoes de exlstência social a base impulsiva de todo o *iter evolutionis*. Que magnífico fundamento de abordagem teria sido este se aplicado ao pulsar da administração e à metamorfose das instituições administrativas, num enlace permanente com a realidade fenoménica complexa e variável. Tal, porém, não sucedeu.

O Curso Administrativo agarrara-se à reforma de 1901 como um moribundo à dobra do lençol. Mas continuou sem nunca vencer o estado

---

[1] *Vide Reforma dos Estudos da Universidade. Decreto n.° 4, de 24 de Dezembro de 1901*, in *loc. cit.*, pág. 14.

[2] Rematava o Decreto de 1901 que, só aceitando esta concepção, se poderia compreender como o direito romano se tornou, no dizer de Von Ihering, um elemento da civilização do mundo moderno.

Quadros da História do Ensino da Administração Pública na Escola de Coimbra 47

letárgico que sempre o atingiu. Acabou abandonado. No entanto, importará lembrar, conforme o sentimento da época, que se se tivesse efectivamente exigido a aprovação no Curso Administrativo enquanto habilitação indispensável para o provimento dos lugares de serviço público, o seu futuro viraria radioso[1]. Numa espécie de projecto adormecido que em sonho se foi conservando, a Faculdade de Direito de Coimbra retomou-o agora, em versão mais digna e cativante, com a criação da Licenciatura em Administração Pública.

8. O despontar de uma Ciência da História da Administração Pública

Imagens houve da história da administração pública portuguesa que perpassaram, com inegável brilho, em algumas obras gerais. Pelo curso e significado que alcançaram, acodem-me à lembrança o *Ensaio sobre a História do Governo e Legislação de Portugal* de Manuel António Coelho da Rocha e o volume IV da *História de Portugal* de Alexandre Herculano. A obra de Coelho da Rocha, após um período de maturação, teve a sua *editio princeps* em 1841 e constituiu um livro, a vários títulos primoroso, que fez carreira ao longo de décadas como compêndio oficial de história de direito pátrio na Faculdade de Direito de Coimbra. Não causa o mínimo rebuço dizer que marcou de forma indelével o magistério da disciplina, praticamente, até fins do século XIX[2].

O Ensaio de Coelho da Rocha tomou como referente de partida a velha *História Iuris Civilis Lusitani* de Mello Freire que substituiu. Mas não disfarçou os avanços que imprimiu à história do direito português. Preencheu omissões, alterou o método de exposição dos temas e corrigiu entendimentos esmaltados pelo prisma traiçoeiro do entusiasmo político[3].

---

[1] Quanto aos cursos especiais, o relatório justificativo da reforma de 1901 asseverava que a sua criação de nada valeria, se não fossem exigidos para certas e determinadas carreiras: «Esta providencia vae, por isso acompanhada de disposições, indicando as carreiras para que sam necessários ou em que elles constituem preferência. O contrário será condemnar estes cursos a uma vida perfeitamente inutil, como aconteceu com o actual curso administrativo». *Vide Reforma dos Estudos da Universidade. Decreto n.° 4, de 24 de Dezembro de 1901, in loc. cit.*, pág. 22.

[2] Sobre Coelho da Rocha, ver, por todos, GUILHERME BRAGA DA CRUZ, *No centenário da morte de M. A.. Coelho da Rocha*, in «Obras Esparsas», vol. II, la parte, Coimbra, 1981, págs. 1 e segs., em especial quanto à sua predilecção pelos estudos histórico-jurídicos, págs. 13 e segs..

[3] *Vide* PAULO MERÊA, *Como nasceu a Faculdade de Direito*, in loc. cit., pág. 162.

Com o *Ensaio* de Coelho da Rocha era a própria concepção de história que progredia. Como bem o apreciou o exigente Alexandre Herculano, ao ponto de não hesitar no anúncio de que a grande revolução da ciência já chegara ao nosso país: «O primeiro grito de rebeldia contra a falsíssima denominação de história, dada exclusivamente a um complexo de biografia, de cronologia e de factos militares, soltou-o o autor do Ensaio sobre a História do Governo e Legislação de Portugal»[1].

Torna-se curioso assinalar, pelo inusitado da coincidência, que seria o sucessor de Coelho da Rocha na cadeira de história um dos elementos da comissão designada pela Faculdade de Direito de Coimbra que, a instâncias. de Alexandre Herculano, iria examinar o volume IV da sua *História de Portugal*. Referimo-nos a Joaquim dos Reis, lente de «História de Direito Romano, Canónico e Pátrio», que, em 1838, aí se fixou[2], precisamente quando Coelho da Rocha se deslocava para o direito civil, onde, aliás, estivera Joaquim dos Reis[3]. Revelador de que a humildade intelectual sempre constituiu apanágio dos verdadeiros homens de cultura, o episódio tem contornos conhecidos. Alexandre Herculano não recebeu formação jurídica. Ora, enfrentando naquela parte recuada a história do nosso país problemas complexos de natureza histório-jurídica, decidiu submeter o mencionado volume à censura severa da Faculdade de Direito, reconhecendo que «a ella em particular compete fixar as doutrinas historicas em relação ao antigo direito publico e privado de Portugal»[4]. A indulgência esperada converteu-se num voto de rendido louvor. Ao Senhor Alexandre

---

[1] Encerra estas palavras encomiásticas o número de 28 de Outubro de 1841 da «Revista Universal Lisbonense». *Vide* GUILHERME BRAGA DA CRUZ, *No centenário da morte de M. A. Coelho da Rocha*, in *loc. cit.*, pág. 16 e nota 1.

[2] Temos notícia, com exactidão, do programa adoptado pelo lente Doutor Joaquim dos Reis na 1.ª cadeira de «História Geral da Jurisprudência, e a Particular do Direito Romano, Canonico e Pátrio», no ano lectivo de 1853-1854. Na parte da história do direito português, calcorreava, *pari passu, o* manual de Coelho da Rocha. Como este, dividia a evolução do direito português em sete épocas, e, em cada uma delas, abordava os temas desenvolvidos por Coelho da Rocha. Pode dizer-se, sem receio de exagero, que o programa delineado por Joaquim dos Reis corresponde ao índice da *História do Governo e da Legislação de Portugal*. Veja-se o mencionado programa da 1.ª cadeira na rubrica *Universidade de Coimbra-Programas,* in «O Instituto», vol. III (1855), pág. 213.

[3] Além de Joaquim dos Reis, pertenciam ainda à referida comissão o professor de filosofia do direito, Vicente Ferrer Neto Paiva e o lente substituto da cadeira de história, Bernardino Joaquim da Silva Carneiro.

[4] Pode consultar-se a carta de *28* de Março de *1853* que Alexandre Herculano dirigiu à Faculdade de Direito, no «Instituto», vol. II (Coimbra, 1854), pág. 13.

Quadros da História do Ensino da Administração Pública na Escola de Coimbra 49

Herculano tocou a glória de dar a Portugal uma história crítica e filosófica, proclamava a comissão saída da Faculdade de Direito, no juízo final de 3 de Maio de 1853 que emitiu sobre o volume IV da *História de Portugal*[1]. Se Alexandre Herculano não fez história jurídica *ex professo*, nunca ignorou que essa história influía de forma saliente na história geral. Por isso, a encarou, desde cedo, com especial desvelo.

De um outro ângulo, o julgamento benévolo que mereceu da parte de Alexandre Herculano o livro de Coelho da Rocha reveste-se de um enorme significado. É que Herculano, mau grado não afivelar em sentido técnico a máscara de historiador do direito, contribuiu em muito para o aperfeiçoamento da disciplina, quer pelos avanços transmitidos à ciência geral da história, quer pelo talento demonstrado na abordagem de vários temas histórico-jurídicos de indubitável relevo. Marca a obra de Herculano o novo espírito científico que se instalara. Deste modo, adopta um conceito historiográfico que reflecte os factos significativos da nação, valorizando a construção colectiva realizada ao longo de séculos, a qual, doravante, importaria considerar segundo épocas histórico-culturais e não por reinados. Era tempo, como o próprio Alexandre Herculano escreveu quando apreciou o livro de Coelho da Rocha, de ser a história alguma coisa mais que uma data e um evangélico *autem genuit* de nobiliário. O século já vai em meio. Somos coxos, mas não somos tolhidos. Não admira que saudasse jubilosamente o caminho trilhado pelo lente de Coimbra, pois «a sua história é a dos factos sociais, é da organização e desenvolvimento deste corpo moral chamado nação portuguesa»[2].

Escorou Herculano o seu edifício histórico numa escrupulosa colheita das fontes. Atento principalmente à lição do exemplo alemão, com os *Monumenta Germaniae Historica,* concebeu e impulsionou uma obra similar para o nosso país, a que deu o nome de *Portugaliae Monumenta Historica.* Se na *História de Portugal,* abrangendo o período que se alongava até à morte de D. Afonso III, Alexandre Herculano tratou espacejadamente das classes sociais e das instituições municipais, nos *Portugaliae Monumenta Historica,* coligiu, dentro do mesmo arco histórico, as fontes de direito

---

[1] *Vide Parecer da Faculdade de Direito sobre o IV vol. da História de Portugal pelo Sr. A. Herculano,* no «Instituto», vol. II, cit., págs. 61 e segs..

[2] Tão lisonjeiro comentário, fruto também da coincidência de pontos de vista entre ambos os autores, acha-se no «Panorama», vol. V (1841), págs. 290 e segs.. *Vide* Guilherme Braga da Cruz, *No centenário da morte de M. A.. Coelho da Rocha,* in *loc. cit.,* pág. 17, nota 1.

(*Leges et consuetudines*), os diplomas (*Diplomatae et Chartae*) e as actas das inquirições (*Inquisitiones*)[1]. A significar que em ambas ganhou sólidos créditos perante a história do direito, para além daqueles méritos avulsos que auferiu nas matérias especificamente jurídicas que abordou, inscritas, sobretudo, no campo publicístico. Mas também se afoitou em temas de direito privado, como o casamento[2].

A despeito dos contributos pontuais de Alexandre Herculano para a evolução da historiografia jurídica, foi no domínio dos métodos e das concepções de uma história crítica e filosófica que o seu desempenho assumiu uma relevância de tal ordem que não mais o futuro o poderia ignorar. Do cimo da sua autoridade, bem contempladas a coisas, o patriarca romântico passara uma certidão de óbito à história feita de cronologias, descendências, e batalhas, no fundo, à história sem atestação científica, desprovida do poderoso alicerce heurístico das fontes.

No entanto, quem esboçou a carta de senhorio de uma ciência de história da administração pública no nosso país foi Henrique da Gama Barros. Os modelos de pedagogia e os ideais de investigação esculpidos pelas reformas de 1901 e de 1911 não deixaram de se reflectir fora do ambiente universitário. Quanto à história jurídica, realizou-os como poucos Gama Barros, apesar de não ter seguido carreira académica. Depois de Herculano, assume incontestada proeminência a sua figura.

É verdade que a ciência da história do direito já se consolidara, mas faltava ainda desabrochar, na esfera jurídica, um teoria historiológica específica. Gama Barros teve o condão de a aplicar de modo pioneiro à história da administração pública.

---

[1] Sobre o modo como avultou a figura de Alexandre Herculano no domínio da história do direito, ver MÁRIO JÚLIO DE ALMEIDA COSTA, *Significado de Alexandre Herculano na evolução da historiografia jurídica,* in «A Historiografia Portuguesa de Herculano a 1950 – Actas do Colóquio da Academia Portuguesa da História», Lisboa, 1978, págs. 235 e segs.; MARTIM DE ALBUQUERQUE, *A Formação Jurídica de Herculano: Fontes e Limites,* in «Alexandre Herculano à Luz do nosso Tempo – Ciclo de Conferências da Academia Portuguesa da História», Lisboa, 1977, págs. 341 e segs.

[2] *Vide* A. HERCULANO, *Estudos sobe o casamento Civil. Por ocasião do Opusculo do sr. Visconde de Seabra sobre este assumpto,* Lisboa, 1866. No que respeita ao sentido da intervenção de Herculano como justificação histórico-jurídica da novidade legislativa do casamento civil, ver SAMUEL RODRIGUES, *A Polémica Sobre o Casamento Civil (1865-1867),* Lisboa, 1987, págs. 159 e segs..

Quadros da História do Ensino da Administração Pública na Escola de Coimbra   51

Como sublinhou Almeida Costa, Gama Barros simboliza exactamente a individualização científica da historiografia jurídica portuguesa[1]. Até então, a formação jurídica de base não crispava os seus traços no rosto da historiografia. Muito menos da administração pública.

Podemos dizer que Gama Barros interiorizou a história do direito. Com efeito, a monumental obra que, ao longo de seis décadas, o conservou amarrado ao trabalho como uma sentinela à espingarda, a *Historia da Administração Publica em Portugal nos Seculos XII a XV,* representa, sem dúvida, uma abordagem escrupulosa das nossas instituições publicísticas e privatísticas, desde o período visigótico[2]. Para trás ficava, superada em definitivo, a fase da predominância dos estudos de história externa, em que avultavam os périplos pela evolução das fontes de direito e os roteiros biobibliográficos de antigos jurisconsultos, uns e outros seguramente mais acessíveis aos não juristas[3].

De feição que a história da administração pública ganhou uma alma própria com Henrique da Gama Barros. Uma individualidade científica que outros mestres vieram a desenvolver em tempos mais próximos de nós. Para só aludir a nomes cimeiros que já partiram, merecem saliência, pelas valiosas páginas de história da administração pública que legaram ao presente e ao futuro, Paulo Merêa[4] e Marcello Caetano[5].

---

[1] *Vide* MÁRIO JÚLIO DE ALMEIDA COSTA, *Sintese da formação e da evolução da historiografia jurídica portuguesa. Do século XVIII à actualidade,* in «Rivista Internazionale di Diritto Comune», vol. 4 (1993), págs. 203 e seg.

[1] Recorde-se que a primeira edição da mencionada obra de Gama Barros, saída em quatro tomos, só se concluiu em 1922.

[3] Sobre Gama Barros, é de indispensável consulta o estudo de TORQUATO DE SOUSA SOARES, *Henrique da Gama Barros,* in «Revista Portuguesa de História», vol. IV (1949), págs. V e segs..

[4] Acerca de Paulo Merêa, ver L. CABRAL DE MONCADA, *Manuel Paulo Merêa Esboço de um perfil,* Coimbra, 1969; TORQUATO DE SOUSA SOARES, *Prof. Doutor Manuel Paulo Merêa – Historiador das Instituições Medievais,* Coimbra, 1969: MÁRIO A. DOS REIS FARIA, *Algumas notas biográficas e bibliografia do Doutor Manuel Paulo Merêa,* Coimbra, 1983.

[5] *Vide* JORGE BORGES DE MACEDO, *Marcello Caetano, historiador,* in «Brotéria», vol. 114 (1982), págs. 151 e segs.; JOSÉ ADELINO MALTEZ, *História do Direito Português (1140-1495) de Marcello Caetano,* in «Revista da Faculdade de Direito da Universidade de Lisboa», vol. XXVI (1985), págs. 611 e segs.; MARTIM DE ALBUQUERQUE, *A edição "definitiva" da História do Direito Português de Marcello Caetano,* in «Revista da Faculdade de Direito da Universidade de Lisboa», vol. XLI – n.º 2 (2000), págs. 1203 e segs.. Pelo que toca à nova disciplina, justifica uma destacada menção a obra de MARCELLO CAETANO, *Estudos de História da Administração Pública Portuguesa,* organização e prefácio de DIOGO FREITAS DO AMARAL, Coimbra, 1994.

CAPÍTULO II

CONSIDERAÇÕES EM TORNO
DA HISTÓRIA DA ADMINISTRAÇÃO PÚBLICA

1. Uma primeira aproximação à história da Administração Pública

Recua à segunda metade do século XX o avivar do interesse pelo fenómeno administrativo perspectivado de um ângulo histórico. A observação de uma realidade administrativa em vibrátil mudança reclamou naturalmente da história uma análise que ajudasse a compreender o sentido das complexas transformações que se registaram. Daí o recrudescimento, nas últimas décadas, dos estudos de história da administração, considerada tanto nos seus órgãos e instituições, como à luz da actividade desenvolvida.

Frente à ineliminável historicidade que envolve a administração pública, o seu ensino não pode recusar a devida atenção ao modo histórico de pensar a administração pública e às diferentes formas como a história a foi pensando. A administração pública não irrompe, de súbito, por actos solitários de génio, nem desaparece, fugidiamente, na noite do acaso. Insere-se sempre num certo contexto histórico constituinte e reconstituinte. A sua própria natureza postula que se entenda vinculada à existência cultural e histórica do homem.

Evidentemente que a historicidade da administração pública não vive sufocada sob o império do passado e não se afere apenas pelas objectivações histórico-culturais. Também o presente se faz passado para o futuro, instituindo novas reponderações e sentidos que virão a ser a sua herança espiritual. A história ganha um distanciamento em relação à norma que lhe permite assumir um princípio de reflexão crítica e problemática. Da história da administração, o seu cultor receberá sempre uma preciosa dotação que o incentiva a um trabalho de constante repensamento, enquanto as disciplinas que no direito positivo fazem exclusiva profissão de fé tendem, muito naturalmente, a engolfar o jurista na ordem jurídica vigente, em busca de um perdurável *ius certum*[1].

A torrente da história argamassa sucessivas camadas de aluviões jurídico-administrativos, cujo parentesco se desenha em relações flutuantes, porque, em matéria administrativa, as coisas são historicamente fluidas. O tempo corrói as certezas que os simples exegétas da lei administrativa perseguem com afã. Mesmo as cadeiras de pendor mais dogmático que a elas se afeiçoam não podem ignorar a história, na medida em que a *interpretatio* da norma pulsa ainda com um relevante momento de apelo à *ratio* histórica, seja qual for a posição assumida em sede de actividade hermenêutica.

Não se desdenha de uma concepção puramente erudita da história da administração pública que em si mesma conserva um inestimável interesse e não apenas para uma pequena corte de especialistas dedicados à explicação científica daquela importante parcela da realidade. Como não se ignora, também servirá o estudioso que se empenha no enriquecimento histórico do seu pecúlio cultural, tantas vezes necessário para ilustrar uma convincente retórica argumentativa.

No quadro de um núcleo troncal de cadeiras, porém, a obrigatoriedade da nossa disciplina deve louvar-se numa orientação genérica que assegure uma ressonância problemática da contingência que toca as diferentes realizações histórico-culturais da administração pública. E, num apuro recorte, muito convém que se perfilhe uma perspectiva que ofereça uma abordagem crítica e relativista da administração pública vigente, onde os seus alicerces mais ou menos próximos mereçam especial desvelo. Significa isto que, nos dias que atravessamos, a história da administração pública não pode impôr-se à custa de tesouros escondidos. Tem de luzir para ser olhada como ouro.

2. A autonomia da história da Administração Pública

Os progressos que, recentemente, se alcançaram no conhecimento histórico do fenómeno administrativo constituiram um poderoso estímulo para que muitos autores se dedicassem *ex professo* à composição de estudos de história da administração. O desenvolvimento das ciências sociais

---

[1] *Vide* RUI DE FIGUEIREDO MARCOS, *Rumos da História do Direito*, in «Estudos em Homenagem ao Professor Doutor Jorge Ribeiro de Faria», Coimbra, 2003, pág. 851.

Considerações em Torno da História da Administração Pública   55

impulsionou também essa tendência. No âmbito em foco, a historiografia francesa assumiu-se como pioneira, levando a cabo precisões conceituais e metodológicas, de molde a conferir à nova história administrativa o estatuto de história autónoma. Um trabalho que, nas últimas décadas, se realizou sob o manto inspirador da obra de Pierre Legendre [1], mas que achou fiéis continuadores em J. Tulard e G. Thuillier. Na actualidade, já se encontram livros inteiramente consagrados à história da administração pública oriundos dos mais diversos países.

A delimitação do objecto centrado na abordagem histórica da fenomenologia administrativa que aspirava a definir a sua essência e peculiaridade representou o trilho seguido para construir uma história especial. Partindo de uma arejada concepção das instituições, passaram a examinar-se as estruturas administrativas, na evolução histórica, das suas relações com o Estado e com a sociedade. Lembra-se a conhecida proposta de Mousnier de edificar uma história social das instituições.

É certo que a história da administração pública ganhara um indisputável relevo em função da problemática nuclear do papel do Estado nas suas múltiplas ligações à sociedade, em cujo terreno se situa a administração como instrumento histórico para tornar efectivo o poder. Mas a tradicional prevalência das concepções adeptas de um estadualismo positivista foi esmorecendo. Na própria historiografia, tal modelo não escapou a um nítido declínio que se acentuou ao longo da segunda metade do século XX. Em diversos países europeus, avulta, por exemplo, a insuficiência de explicar através de uma visão enraízada no poder central a história da administração local. Um traço que se vincou pela larga margem de insubmissão de que as estruturas políticas locais desfrutavam, sobretudo à conta das debilidades de um aparelho burocrático régio que exibia um raio de acção muito limitado. A voz do comando central não passava de um mortiço eco distante.

A mudança operara-se de modo inexorável. Num quadro de teor globalizante cujos laços de modo nenhum se podiam cortar, a deslocação do acento do paradigma estadualista para a organização administrativa em roteiro diacrónico abria assim um vasto e fecundo campo autónomo de investigação. Quer nos diferentes fundamentos mais ou menos explícitos, quer nas suas sucessivas formulações institucionais e jurídicas, quer ainda

---

[1] Na sequência da importante obra de fins da década de sessenta *Histoire de l'administration de 1750 à nos jours,* é de valiosa consulta o novo livro de PIERRE LEGENDRE, *Trésor Historique de l'État. L'Administration classique,* Paris, 1992.

56 *História da Administração Pública*

nos resultados práticos a que foi conduzindo, a vida histórica do universo administrativo irradiava uma luz própria.

3. A história do estudo retrospectivo da Administração Pública

3.1. *Formação heterogénea dos cultores da história da Administração Pública*

Os estudos de história da administração não raro constituem palco de acesas polémicas e não poucas vezes geram as mais desencontradas opiniões. No campo das instituições administrativas, sobretudo em fases históricas recuadas, o estabelecimento da primogenitura, a comprovação do sentido das influências, o grau de pureza de fenómenos autóctones, a definição de um círculo de atribuições precisas representam problemas dificílimos de resolver. Por outro lado, os investigadores que se deixam atrair pela disciplina administrativa estão longe de possuir armamento igual. No trilho histórico das remotas pégadas administrativas andaram, com idêntico empenho, historiadores, juristas e sociólogos. Ora, a formação heterogénea dos estudiosos, se muito contribuiu para o aprofundamento das questões, não menos estimulou a diversidade de pontos de vista.

Mesmo no seio dos juristas, criou-se uma tremenda clivagem entre os historiadores do direito e os administrativistas. É usual assinalar a falta de comunicação e o notório desconcerto de ambos. Disso se veio a ressentir a história da administração pública. Fala-se, inclusive, do fosso involuntário que separa o direito administrativo da história do direito, ou, como outros preferem sublinhar, de dois estilos de história, a dos juristas e a dos jus-historiadores especializados, que impulsionaram duas vias divergentes, cada qual com a sua corte de seguidores.

O historiador puro exibe uma tendência para se deixar cativar, acima de tudo, pela organização administrativa e pelo voto preponderante no exame dos órgãos de governo. Nem isso causará o mínimo espanto, já que a sua posição, apesar de estreita, encerrava préstimo bastante para iluminar a história geral de que se ocupava. Ao invés, quando fugia ao rumo assinalado, o historiador mergulhava impetuosamente nas profundezas de alguma instituição ou resvalava para um certo particularismo administrativo local. O historiador do direito, por via de regra, superou tão acanhado caminho, mas, como bem sublinha García-Gallo, a censura que, em termos rigorosos, se deve dirigir à generalidade dos historiadores do direito reside

Considerações em Torno da História da Administração Pública

em terem descurado a específica problemática da ciência do direito administrativo[1]. Do lado dos administrativistas, não raro se conferia um senhorio quase absoluto às linhas normativas e dogmáticas, perdendo de vista o quadro histórico em que a administração pública encontrava as suas condições de possibilidade e de justificação.

3.2. *A investigação do fenómeno administrativo à luz da história recente*

A nova história da administração não conheceu um aparecimento livre de dificuldades. Pelo contrário, encontrou tenaz resistência da parte de alguns sectores da historiografia geral que permaneciam aferrados a um entendimento que a diluía por completo no mar imenso da história. A pouco e pouco, esboçou-se uma verdadeira operação de resgate que lhe conferiu independência.

Não se mostra de intrigante vislumbre admitir que o estudo histórico do complexo fenómeno administrativo em si mesmo e nas suas ligações ao Estado e à sociedade se afirmou em estreita aliança com o surgimento de uma ciência da administração como disciplina autónoma. Esta, ao abordar, com larga amplitude de perspectiva, a administração, nos diferentes ângulos, aspectos e problemas, descerrava a porta ao exame do seu iter *evolutionis* e das transformações que aí se registaram. Uma ciência administrativa plural, que, num muito sublinhado entendimento interdisciplinar, ultrapasse clausuras metodológicas e conceituais, não podia recusar a devida atenção à historicidade do fenómeno administrativo no que encerra de continuidade e de ruptura.

Os estudos que se debruçam sobre a administração remontam já a um período moderno de racionalização das estruturas do Estado, com a ciência cameralista alemã dos séculos XVII e XVIII[2]. Tomava como modelo de intervenção o Estado prussiano de Frederico Guilherme I. Evidentemente que existiram condicionamentos de natureza filosófica, política e religiosa que levaram a privilegiar a dimensão administrativa do Estado. Surgiu então a chamada ciência de polícia num recorte omnicompreensivo de *gute*

---

[1] *Vide* ALFONSO GARCÍA-GALLO, *Cuestiones e problemas de la Historia de la Administración española, in* «Actas del I Symposium de Historia de la Administración», Madrid, 1970, págs. 44 e seg.

[2] *Vide* PIERANGELO SCHIERA, *Dall Arte di Governo alle Scienze dello Stato. Il Cameralismo e L'Assolutismo Tedesco*, Milano, MCMLXVIII, págs. 53 e segs.

Ordnung und Verfassung[1]. Na França emergiu também uma ciência com idêntico cariz, sob a inspiração pioneira de Delamare[2]. Adiante revisitaremos o tema em confronto com a doutrina portuguesa.

Não valerá a pena entrar em minúcias acerca dos notórios avanços operados na análise do fenómeno administrativo que se registaram ao longo do século XIX. Cumpre apenas sublinhar que os contributos proeminentes pertenceram aos juristas oriundos de diversos países que se afirmaram como cultores do direito administrativo. De acordo com os novos alicerces constitucionais do Estado de Direito liberal, a acção administrativa passou a subordinar-se ao princípio da legalidade, vendo-se forçada a respeitar as normas saídas dos representantes políticos que haviam recebido o poder legislativo. Daí que, na primeira metade do século, grande parte da literatura pertinente ao tema em foco tivesse sido produzida pela pena dos mais destacados teóricos do direito administrativo oitocentista.

Todavia, os estudiosos rapidamente perceberam a insuficiência do direito para o conhecimento da actuação administrativa concreta. Melhorar o funcionamento dos órgãos administrativos e, em especial, a sua eficácia reclamava uma abordagem prática. Embora sem descurar o aspecto jurídico, é a esta luz que, em França, surgiram a primeira *Ecole Nationale d'Administration* (1848) e depois a *Ecole Libre des Sciences Politiques* (1871).

A par dos desenvolvimentos de natureza académica, vingou, em definitivo, uma linha de reflexão empírica incentivada pela experiência americana. O entusiasmo nascente pelas ciências sociais também estimulou o rumo assinalado. De um ângulo teórico, alimentou o novo enfoque, rompido o século XX, o importante contributo de Max Weber que levou a cabo uma pioneira análise sócio-política da burocracia, destacando o relacionamento existente entre uma autoridade de índole racional-legalista típica do Estado moderno e uma estrutura burocrática marcada pela profissionalização e pela hierarquia funcional envolta numa disciplina normativa abstracta[3]. Por outro lado, a partir da acentuação do valor da eficácia

---

[1] *Vide* FRANZ-LUDWIG KNEMEYER, *Polizeibegriffe in Gesetzen des 15.bis 18. Jahrhunderts. Kritische Bemmerkungen zur Literatur über die Entwicklung des Polizeibegriffs,* in «Archiv des öffenthchen Rechts», vol. 92 (1967), págs. 153 e segs.; GERHARD KOBLER, *Deutsche Rechtsgeschichte,* München, 1996, págs. 151 e segs.

[2] Acerca da concepção da polícia em Delamare, ver RUI DE FIGUEIREDO MARCOS, O *ius politiae e o comércio. A idade publicista do direito comercial,* in «Estudos em Homenagem ao Prof. Doutor Rogério Soares», Coimbra, 2002, págs. 668 e seg.

[3] Os escritos do sociólogo alemão Max Weber sobre o modelo burocrático desencadearam o surgimento da chamada teoria da burocracia na administração. *Vide* IDALBERTO

da gestão administrativa e do crescente predomínio das estruturas formais de coordenação das diferentes actividades sociais, irrompe a ciência das organizações.

O crescente voto no reformismo organizativo conduziu ao aparecimento da chamada sociologia das organizações, cujo mentor mais destacado foi Crozier. Centrou a sua penetrante análise nos mecanismos decisórios da administração, identificando comportamentos, estratégias e distorções. Isto num quadro que fatalmente reclamou uma viagem sistemática ao interior das organizações, sobretudo no intuito de esclarecer o modo como o poder se exercia.

Não se pode esquecer, no âmbito da reflexão extra-jurídica sobre a administração, a fonte inspiradora que representou a doutrina americana. O paradigma clássico da *Public Administration* sofreu um profundo repensamento na sequência do *New Deal rooseveltiano*[1]. Lembra-se o emprego do *case method* que concentrou energias na explicação da natureza pluralista dos processos decisórios públicos através do exame cirúrgico de episódios administrativos específicos. Nesta linha de orientação, eleva-se, pela projecção que logrou alcançar, H. Simon. Na obra *Administrative Behavior*, que publicara em 1945, ensaiou fundar uma teoria administrativa escorada em alicerces sólidos, principalmente a partir da observação do comportamento dos agentes das organizações administrativas. Impunha-se focar todos os níveis decisórios, esquadrinhando uma principiologia das organizações que serviria para aperfeiçoar o processo de funcionamento no interior de tais instituições. Nada devia ser desprezado. Daí que Simon acolhesse de bom grado contributos multidisciplinares oriundos de vários sectores como Public *Administration, Business Management,* ciência das organizações, psicosociologia das relações laborais, de molde a afirmar a nova teoria das organizações enquanto disciplina apostada em debater o fenómeno administrativo em todos os seus ângulos.

As teorias de Simon não confinaram o seu alcance aos Estados Unidos. Mais tarde, exerceram também nítida influência na Europa, inspirando o incontido entusiasmo que se gerou em torno dos estudos específicos sobre o comportamento burocrático e os processos decisórios.

CHIAVENATO, *Administração nos Novos Tempos*, 13.ª tiragem, Rio de Janeiro, 2000, págs. 43 e segs.

[1] Vide MARIA GRAZIA MAIORINI, *Storia dell'amnistrazione pubblica*, 2.ª ed., Torino, 1997, págs. 21 e segs.

Não prosseguiremos o esboço que se vinha a desenhar no tocante aos traços evolutivos de uma abordagem pluriforme que extravasava uma visão puramente normativista da administração. As considerações que se alinharam bastam para se entreabrir o enorme préstimo de que passaria a desfrutar a história da administração pública. Proclamando o conhecimento da administração enquanto fenómeno social em que se deviam colocar olhos fitos no funcionamento das instituições em cada época, exaltava-se naturalmente a história da administração como um vasto laboratório de experiências passadas.

Mas não só. A história, ao privilegiar uma indagação determinada pela observação sistemática das mutações de estrutura e de estratégia, conduz, desde logo, à superação de um entendimento mecanicista da organização administrativa, descontextualizado do tempo e da cultura. Pelo contrário, aprofundar a interpretação do fenómeno administrativo através da sua génese e desenvolvimento significa mostrar as necessidades que o conformaram num pulsar harmónico com um certo ambiente constituinte e reconstituinte, do mesmo passo que encerra um valor prospectivo iluminante de diversos problemas administrativos da época actual.

CAPÍTULO III

O PROBLEMA DO RECORTE CONCEITUAL DA HISTÓRIA DA ADMINISTRAÇÃO PÚBLICA

1. Noção historicamente operativa de Administração Pública

Em termos linguísticos, remonta ao direito romano o emprego da palavra *administratio*, a qual foi recebendo significados diferentes consoantes as épocas que atravessou[1]. Completamente arredada ficou a vã pretensão de alguns em encontrar um conceito jurídico de administração pública dotado de valor absoluto e universal. Também no direito português medievo se nos depara o vocábulo administração, se bem que desprovido do sentido abstracto e globalizante que assumiu em tempos próximos de nós.

Questão crucial é a de saber que noção de administração pública deve o historiador adoptar na sua exposição. Frente a uma historicidade anfibológica como caracteristicamente se afirma a que marca o fenómeno administrativo, o estudioso da administração deve elevar-se a um cume a partir do qual possa contemplar a panorâmica da evolução administrativa em todas as suas irradiações e facetas, ora ostensivas, ora discretas.

A administração pública exprime, para qualquer comunidade politicamente organizada e na sua específica circunstância histórica, o voto na realização da *salus publica*, ou seja, a prossecução do objectivo permanente do bem comum. Daqui resultou a definição de um espectro de interesses públicos declarado prioritário, o que sempre coenvolvia uma ponderação das necessidades comuns a satisfazer.

---

[1] Para uma exposição expressiva a respeito da evolução do sentido de diversos vocáculos atinentes ao tema, com especial realce para os termos *administrare* e *administratio*, ver, por todos, MASSIMO SEVERO GIANNINI, *Diritto Amministrativo*, vol. I, 3.ª ed., Milano, 1993, págs. 4 e seg.

Perante o quadro amplo que se rasga ao historiador, evidente se torna que ele não pode dispensar qualquer dos sentidos em que a administração pública se apresente. Como não se ignora, a administração pública pressupõe a existência de uma organização dentro do aparelho público à qual se confia, em cada época, essa actividade. Estamos diante da administração pública em sentido organizatório[1].

Deslocando o ângulo de incidência para a actividade, descobre-se a administração em sentido funcional. Pretende-se aludir agora à actividade dos órgãos da administração que, por norma, se precipita em torrentes de actos materiais de administração. Assim sendo, podemos também acercar-nos de uma administração pública em sentido material, desde que se delimite um leque de tarefas e um conjunto de actos que traduza, com fidelidade, a ideia de administrar. Tudo isto através de uma eleição heterónoma. É corrente, por fim, detectar um sentido formal na administração, o qual se revela em determinados lineamentos externos que sulcam o rosto jurídico dos actos administrativos. A este propósito, sublinha-se a especial força jurídica que tais actos exibem e que implica, designadamente, a chamada executoriedade à guisa de recurso para a defesa de um interesse público que de outro modo veria a sua realização prejudicada.

Não nos comove, porém, uma perspectiva jurídica que se deixe cair num absolutismo cego. Evidentemente que o esboço de um aparelho administrativo ou de uma estrutura de serviços, posto que muito rudimentar ou insipiente, logo se vislumbrará em todas as sociedades antigas dotadas de um mínimo de organização[2]. Todavia, se adoptássemos, na inquirição das fontes históricas, um entendimento da administração pública saído em exclusivo do berço exigente da ciência jurídica, tal obrigaria a admitir que o conceito de administração pública só despontou, nos países que integram o sistema latino-germânico da administração executiva, em pleno liberalismo[3].

---

[1] Acerca da administração pública em sentido orgânico, tal qual actualmente deve ser entendida, ver, por todos, DIOGO FREITAS DO AMARAL, Administração Pública, in «Dicionário Jurídico da Administração Pública», 1.º Suplemento, Lisboa, 1998, págs. 16 e segs..

[2] No tocante à administração pública egipcia, ver, por exemplo, E. N. GLADDEN, Una Historia de la Administración Pública. I – Desde los primeros tiempos hasta el siglo XI, Mexico, 1989, págs. 73 e segs.

[3] Vide FERNANDO ALVES CORREIA, Administração Pública, in «Alguns Conceitos de Direito Administrativo», Coimbra, 1998, pág. 12.

Às mãos afeiçoadoras de um jurista, o destaque de um poder especificamente pensado para a realização da tarefa de administrar, o chamado poder executivo, não se dissocia do eclodir das revoluções que levaram à consagração, nas Constituições liberais, do princípio da separação dos poderes. A seu lado, erguia-se um outro princípio rector, o da legalidade da administração, confortado no duplo sentido de obrigação da administração pública observar as leis existentes em homenagem ao primado da lei, e de apenas lhe ser consentido intervir com autorização da lei em certas matérias, *maxime* no âmbito dos direitos de liberdade e de propriedade, em obediência à denominada reserva de lei.

As considerações anteriores significariam começar no século XIX. Só que a história da administração pública não se cinge à história dos cânones ditados pela ciência jurídica administrativa. Isso conduziria a uma concepção insular da história da administração que não colhe os nossos favores. Propendemos para uma compreensão integrada da administração pública na história, o que afasta abordagens isolacionistas.

Mau grado o carácter essencial do conhecimento da arquitectura jurídica das instituições administrativas, nos seus fundamentos e propósitos, não importa menos o apuro sucessivo dos resultados práticos a que a organização administrativa foi conduzindo, num diálogo permanente, e às vezes tempestuoso, com a realidade social e política envolvente. É que, na história institucional da administração pública não raro se desenharam, em traço firme, quadros de dissonância entre o direito legislado e o direito vivido. Afigura-se-nos, pois, como único modo de captar o conjunto do cenário da administração pública em movimento diacrónico, o de eleger uma história da administração pública de largo espectro.

2. A questão metodológica na história da Administração Pública

A história da administração pública suscita uma densa problemática de índole metodológica em estreita dependência com o critério de indagação que se perfilha. Observaremos, antes de tudo, que não se pode fazer coincidir, sob pena de fragilizantes amputações, a história da administração pública com o estudo da administração pública actual em retrospectiva. Constituiria um erro tremendo cingir a nossa disciplina à missão de descobrir na história apenas as amarras da administração pública em vigor, como quem lhe acrescenta uma genealogia ilustre.

Ora, à história da administração pertence não só a análise dos precedentes mais ou menos remotos da administração pública que conhecemos nos nossos dias, mas também as instituições administrativas e as formas de administração que, entretanto, o tempo superou. Somente a consideração destas duas direcções permite uma visão completa e adequada da evolução administrativa, porque não prisioneira do presente.

Guindado a critério de indagação, o presente não deve invadir de maneira sufocante as estruturas pretéritas. Também no domínio jurídico--administrativo, há que respeitar os esquemas de entretecimento do passado, não o tornando absolutamente cativo de amarras, categoriais ou problemáticas, que preenchem e crismam o presente da nossa administração pública. Na verdade, tudo aconselha a que não se resvale para uma fusão completa e desvirtuadora, impeditiva de que a realidade histórica manifeste, embora através de nós, o seu específico e seguramente bem diverso modo de ser jurídico.

Descontando uma importante parcela de contingência que, implacavelmente, revolve a historicidade da administração pública, forçando-a a exibir um elevado teor de volubilidade, há problemas de uma persistência intemporal, ou seja, que surgem em todos os tempos. A comunidade política sempre teve órgãos de governo. A relação governante-governado desenhou--se e redesenhou-se em todas as épocas. Em qualquer altura que se considere, os governantes exerceram uma autoridade, em princípio supostamente dirigida ao bem comum, e os súbditos tiveram sempre necessidade de refrear os excessos de império através de diversos mecanismos de defesa. Quase sempre existiram comunidades locais a olhar desconfiadamente o poder central. Desfiaram-se alguns problemas intemporais da ciência administrativa, mas que nao consentem uma abordagem a partir de uma conceptologia actual. É impossível aproximar, em termos científicos precisos, os antigos e os modernos conceitos, nomeadamente, de Estado, administração, legalidade, acto e autonomia. Admitir tese contrária, sobre soar a uma posição inclemente, não colhe os louvores de uma metodologia recomendável.

O tempo, insubmisso à abstracção ordenadora que o homem quer dele fazer, torna-se força incoercível de corrosão, no mesmo terno sussuro da morte que devagar rói e desfigura à medida que mansamente se aproxima. Seja como for, não se pode recusar alguma autonomia às variáveis do passado. Em descrédito continua aquilo ou que nos atreveríamos a chamar o radicalismo de um cronosenhorio que persiste em traduzir no pretérito a imagem fiel da conceitualização e da sistematização jurídica

O *Problema do Recorte Conceitual da História da Administração Pública* 65

moderna, conferindo o estatuto de naturalmente intemporais a noções e a categorias de direito. Só que a história, se entroniza representações de índole conceitual, também, mercê de golpes oriundos da prática, desconceitua velhos conceitos, causando-lhes deformidades de sentido descaracterizador.

Em todo o caso, o jus-historiador não precisa de se despojar das suas vestes, nem necessita de vender todos os seus bens jurídicos para seguir o filão da história administrativa. Mas o pecúlio conceptológico não deve assumir uma intensidade tão poderosa que o leve a visões adulteradas ou ao voto obsidente em exornar as instituições da administração dos nossos dias com uma genealogia cada vez mais ilustre, por longínqua[1].

Dentro de uma pura e rigorista concepção dogmática, a história da administração só poderia traçar-se a partir do século XIX[2]. Cativos deste entendimento, foi o que fizeram, coerentemente, vários administrativistas. No entanto, muito do que consideraram no arco oitocentista em matéria de administração tivera correspondência no passado, embora entretecido por outros lineamentos. Importa não o ignorar.

Não raro, como bem salientou García-Gallo, os conceitos e o sistema do hodierno direito administrativo não servem para estudar a sua história. Apesar de quantas vezes acobertados numa teia de ilusões vocabulares, cumpre discernir os lances conceituais que configuram realidades tremendamente diferentes.

Impõe-se, por isso, perscrutar o passado da administração não através de um rígido padrão dogmático proliferador de anacronismos, mas utilizando um critério institucional, de molde a observar estruturas e modos de organização, como quer que se apresentem. Pois bem. Na sua circunstância histórica, respondiam a necessidades análogas àquelas que, afinal de contas, a administração moderna acautela. A posição contrária, por vezes em nome de um utilitarismo confesso, traz inevitavelmente consigo tendências empobrecedoras da realidade administrativa histórica. Em muitos aspectos, nem subsistirá inconveniente se empregarmos designações actuais com o prudente resguardo de as assinalar mediante um rótulo ou acepção vulgar, ou seja, que não compreende um sentido técnico-jurídico.

---

[1] *Vide* RUI DE FIGUEIREDO MARCOS, *História do Direito*, cit., págs. 70 e segs.

[2] Há autores que, nas suas indignações históricas a respeito da administração pública, não recuam além do século XIX. *Vide* PIERO CALANDRA, *Storia dell'amministrazione pubblica in Italia*, Bologna, 1978, págs. 13 e segs.

66 *História da Administração Pública*

A alternativa residirá em ir buscar expressões qualificativas distintas para abrigar nominativamente fenómenos pretéritos também distintos.

Tornemos o nosso pensamento mais claro através do exemplo paradigmático do próprio conceito de administração pública. Do cimo da sua autoridade de administrativista, Rogério Soares salientou que o conceito de administração pública, tal como se entende nos países europeus de tradição latino-germânica, é relativamente recente. As organizações políticas medievais não o conheciam, porque o poder se encontrava esfacelado e repartido por uma teia de organizações de vários recortes e amplitude em que não se diferenciavam as tarefas públicas[1]. Daí que invocar o conceito de administração pública, designadamente, para o primeiro período da administração em Portugal, não se possa fazer sem ter consciência da transposição vulgarista que isso implica, ou melhor, do delito de impropriedade que se comete avaliado pelo rigoroso prisma jurídico-administrativo. De uma forma certeira, superando o referido anacronismo, Ruy de Albuquerque e Martim de Albuquerque preferem utilizar a expressão administração do Reino[2].

O historiador da administração pública está condenado a movimentar-se no meio de um glossário complexo. Apesar de tudo, não creio que se encontre impedido de chamar em seu socorro acidental o léxico administrativo recente. Ponto é que preste os esclarecimentos necessários, sublinhe as inflexões registadas e mostre as notas adaptativas que introduziu ao recorrer a tais nomenclaturas.

---

[1] Conforme sustenta ROGÉRIO SOARES, «a comunidade política medieval, por sobre as profundas diferenças que apresenta nas suas variadas manifestações geográficas, tem o denominador comum duma ausência de racionalização e institucionalização. O que impede a constituição dum sistema de serviços destinado a representar ou promover a satisfação de interesses gerais». *Vide* ROGÉRIO EHRHARDT SOARES, *Direito Administrativo,* Coimbra, sem data, pág. 12.

[2] *Vide* RUY DE ALBUQUERQUE/MARTIM DE ALBUQUERQUE, *História do Direito Português,* vol. I, 10.ª ed., Lisboa, 1999, págs. 611 e segs.

CAPÍTULO IV

PROGRAMA

1. Observações gerais

Deve o candidato, por determinação da lei, inserir no relatório um programa da disciplina que escolheu. Importa, pois, que apresentemos um esboço sistemático pautado por uma sequência harmónica, ou melhor que balbuciemos um delineamento geral dos diversos pontos metodicamente dispostos que se hão-de versar no curso. É um caminho marcado, por um serpentear de grandes sopros temáticos, que nos espera.

Em obediência à opção perfilhada de fazer incidir o relatório na cadeira de História da Administração Pública, afigura-se ajustado que, de preferência, o seu programa encerre um forte pendor cronológico. Todavia, não se excluem os recamos cintilantes do método monográfico, sempre que uma análise, embora temporalmente compartimentada, da linha evolutiva das diversas instituições administrativas consideradas de *per si* o justifique. As amarras ao todo servirão para aquilatar das influências e interdependências no mesmo ciclo histórico.

A aridez de um simples trajecto que versasse cruamente a organização administrativa não irá cativar o nosso programa. Tomando a lição de um ilustre Mestre de Escola de Lisboa, que foi historiador sem nunca deixar de ser um insigne administrativista, cumpre colocar especial ênfase na ligação que prendia à história o estudo da organização administrativa[1]. Aludimos, obviamente, a Marcello Caetano, o qual sublinhava que, prescindindo da história, o estudo da organização administrativa se «reduziria

---

[1] Um aspecto que não escapou à pena atenta de LUÍS BIGOTTE CHORÃO. *Vide* LUÍS BIGOTTE CHORÃO, *Breves Apontamentos para a História do Ministério da Justiça*, in «Estudos em Homenagem ao Professor Doutor Inocêncio Galvão Telles», vol. V, Coimbra, 2003, pág. 997.

à seca descrição dos serviços e dos órgãos, sem interesse científico e que seria fácil encontrar em qualquer almanaque»[1].

Forçoso é que se dilucidem as directrizes básicas do programa. Esclarece-se, desde já, que não tencionaremos abordar, em absoluta profundidade, a administração anterior à fundação da nacionalidade. No entanto, não se descurarão os antecedentes preliminares que se encontram nos alicerces históricos, principalmente do primeiro ciclo da administração do Reino de Portugal. Avultam os rasgos procedentes das administrações romana e visigótica. Com um enlaçamento mais ou menos nítido, aspectos houve da administração leonesa que fizeram carreira no Condado Portucalense. Merecerão, com certeza, um apontamento, ainda que breve.

Antes de mergulharmos na história da administração pública portuguesa propriamente dita, impõe-se a tarefa prévia de definir os grandes períodos do *iter evolutionis* da nossa administração até à actualidade. Um esboço precoce de contornos temporais não deixará de surgir aos olhos de alguém desafeiçoado a estes temas como algo descolorido e infundamentado. Só o avanço da exposição dissipará as névoas. Todavia, preciosas razões de arrumação didáctica obrigam a que assim se proceda. É o que faremos de imediato.

2. Esboço de uma Periodização da História da Administração Pública em Portugal

A compartimentação da história da administração em períodos pode fazer-se a partir de critérios diversos. Cada um deles se comoverá em função de aspectos que sejam considerados com suficiente relevância periodizadora. A escolha deverá permitir atravessar o objecto de indagação, captando o sentido da mudança na evolução administrativa. Evidentemente que não se recusarão as coordenadas vindas do sistema jurídico-político português, nem a força distintiva dos grandes marcos situados ao longo da história do direito pátrio. Daí recebeu a administração pública muita da sua luz histórica. Basta pensar nas sucessivas Ordenações do Reino.

Em alguns momentos, representará também um auxílio separador o recurso à história da civilização ocidental na sua *peregrinatio* clássica

---

[1] *Vide* MARCELLO CAETANO, *Manual de Direito Administrativo*, tomo I, 10.ª ed., 7.ª reimp., Coimbra, 2001, pág. 61.

pelas Idades Média, Moderna e Contemporânea. Os laços culturais do desenvolvimento da administração acolhem de tais quadros genéricos preciosas dotações. Por outro lado, não convirá nunca perder de vista factos situados na história de Portugal que incrustaram fortes impressões na evolução administrativa do nosso país. Os Descobrimentos constituem paradigma disso mesmo. De acordo com a lição clara de Ruy de Albuquerque e de Martim de Albuquerque, as Descobertas impulsionaram o aparecimento «de um aparelho político-administrativo próprio, baseado em conceitos de descentralização totalmente opostos ao critério centralizador seguido pela Coroa relativamente à administração no país e correspondentes à criação de um novo Estado – o da Índia – e a um reino – o Brasil; conduziram ao estabelecimento de órgãos legislativos próprios, com competência formal mesmo para a publicação de diplomas solenes e para afastar a aplicação de diplomas do Governo central nos territórios da sua jurisdição; provocaram o estabelecimento de um aparelho judiciário específico, ao qual foram confiados tanto funções cíveis como criminais»[1].

Repassa uma particular sensibilidade na dinâmica histórica da administração pública. O trajecto secular da administração pública portuguesa não pode ser considerado como um todo complexo e exclusivamente unitário. Mesmo sem esquecer a inelimínável artificialidade de qualquer tentativa de periodização perante o contínuo fluir da realidade histórica, verdadeiramente irrepresável em divisões estanques[2], somos levados a distinguir, no processo evolutivo da administração pública nacional, seis períodos fundamentais bem diferentes entre si, tanto na perspectiva adoptada, como nos objectivos que se pretendiam cumprir. Não nos absorveu, todavia, o propósito de seguir um critério homogéneo de periodização, mas sim espelhar, com rigor e através de fieis recortes temporais, o específico sentido da mudança na vibrátil historicidade da administração pública portuguesa.

O primeiro período, que denominaremos *período de formação e de consolidação da administração do Reino,* decorre dos alvores da nacionalidade, mais precisamente do ano em que D. Afonso Henriques passou a intitular-se rei até às Ordenações Afonsinas, portanto, de 1140 a 1446/1447. Verificou-se que não existia uma nítida separação de funções, correspon-

---

[1] Vide RUY DE ALBUQUERQUE/MARTIM DE ALBUQUERQUE, *História do Direito Português,* 1140-1415, I vol., 10.ª ed., Lisboa, 1999, págs. 20 e segs..

[2] Uma exemplo de que não há separações absolutas no curso histórico da administração pública é o valioso livro de EDUARDO GARCIA DE ENTERRIA, *Revolucion Francesa e Administracion Contemporanea,* Madrid, 1994.

70 História da Administração Pública

dentes a uma realização de tarefas públicas. A administração estava imersa numa densa névoa que não distinguia funções. Um desenho legislativo coerente de uma máquina administrativa só conheceu a luz do dia com as Ordenações Afonsinas.

Segue-se o *período de expansão e de aperfeiçoamento da administração pública* que, iniciando-se em meados do século XV, apenas se acentua na segunda metade do século XVIII. Corresponde à chamada época das Ordenações. Na verdade, as Ordenações Afonsinas vieram estabelecer as amarras organizacionais e institucionais do Estado. Mas quer as reformas Manuelinas – D. Manuel I foi um notável reformador administrativo-financeiro –, que tiveram lugar na área do direito público, quer as reformas que os Filipes introduziram no campo administrativo justificam que se fale de um *período da administração pública das Ordenações* Um cume desse período é a porta larga da administração que iremos agora considerar.

Em meados do século XVIII, abre-se *o período da administração de polícia.* O seu começo tende a coincidir com o consulado do Marquês de Pombal (1750-1777)[1]. A fragorosa derrocada do modelo de Estado justicialista consumou-se, a pouco e pouco, ao longo da segunda metade do século XVIII em Portugal. Cortaram-se as amarras com o pensamento político tradicional e lançaram-se outros fundamentos para o exercício do poder régio. A administração pública recebeu um impulso racionalista tremendo e ganhou uma amplitude que se desconhecia. Fixa-se como limite deste período o ano de 1832, altura em que se introduziu no nosso país um novo sistema administrativo saído da pena legislativa de Mouzinho da Silveira.

Inaugura-se então o ciclo imediato que, sob a inspiração dos ideais político-jurídicos da Revolução Liberal que eclodiu em 1820, se designa precisamente por *período da administração liberal.* Com a obra de Mouzinho da Silveira separaram-se, finalmente, as funções administrativas das funções judiciais em Portugal, o que só por si lhe outorga revelo periodizador, tais as mudanças que desencadeou[2]. Reconhece-se o fecho do período considerado no facto carismático da I Grande Guerra (1914-1918). Cumpre justificar.

---

[1] Para uma análise abrangente às estruturas administrativas setecentistas no palco europeu, ver o conjunto de estudos inseridos em AURELIO MUSI, *Stato e pubblica amministrazione nell'Ancien Régime*, Napoli, 1979, págs. 13 e segs.

[2] No tocante à obra legislativa de Mouzinho da Silveira, pode consultar-se ANTÓNIO PEDRO MANIQUE, *Mouzinho da Silveira. Liberalismo e Admninistração Pública*, Lisboa, 1989, págs. 47 e segs..

A partir da segunda década do século XX, delineou-se uma estratégia estadual de sistemático intervencionismo no sentido de promover a democratização económica e realizar a justiça material. Preocupações solidaristas povoaram o pensamento político e edificou-se uma administração pública serventuária desses propósitos sociais[1]. Do exposto resulta a opção de erguer um período de história da administração portuguesa que, em sintonia, se convencionou chamar *período da administração social*. A bem dizer, para os Estados que experimentaram a devastação da guerra, uma administração social inquieta e reconstrutiva tornou-se um imperativo histórico.

O último período da história da administração pública que autonomizaremos irá receber o baptismo de *período da administração reguladora*[2]. Em Portugal, remonta a meados da década de oitenta do século XX[3]. Concluiu-se, por então, a impossibilidade do Estado conservar o crescimento exponencial das suas tarefas. Inverteu a marcha e, como um barco em perigo, começou a alijar a carga em excesso. O Estado deixa, em larga medida de efectuar prestações[4], de ser uma administração de garantia. Porém, como subsiste um claro interesse público, assume um cariz regulador. No fundo, acaba por criar, em áreas designadamente infra-estruturais, condições reguladoras, de molde a proporcionar utilidades colectivas[5]. Não raro, regista-se agora também uma fuga para o direito privado[6]. É um trajecto que se encontra ainda muito longe de estar concluído e que, verdadeiramente, não se sabe por enquanto, onde chegará, com certeza[7]. O futuro o dirá de forma irrefutável.

---

[1] Na óptica da recente superação do *Welfare-state*, consultar ROBERT E. GOODIN and MARTIN REIN, *Regimes on Pillars: Alternative Welfare State Logics and Dynamics*, in «Public Administration», vol. 79, n.º 4 (2001), págs. 769 e segs.

[2] Sobre um exemplo carismático de auto-administração das regiões vinícolas, ver VITAL MOREIRA, *O Governo de Baco. A organização institucional do Vinho do Porto*, Coimbra, 1998, págs. 15 e segs..

[3] Neste sentido, ver JOÃO BILHIM, *A Administração Reguladora e Prestadora de Serviços*, in «Reformar a Administração Pública: Um Imperativo», Lisboa, 2000, págs. 149 e segs.; do mesmo autor, *Reduzir o insustentável peso do Estado para aumentar a leveza da Administração*, in «Revista Portuguesa de Administração e Políticas Públicas», vol. I, n.º 1 (2000), págs. 21 e segs.

[4] É o caso das indústrias de rede.

[5] Vide VASCO PEREIRA DA SILVA, *Em busca do acto administrativo perdido*, Coimbra, 1996, págs. 122 e segs.. O autor citado prefere utilizar as expressões administração de infra-estruturas ou administração prospectiva. Não são as nossas predilectas.

[6] Ver o valioso conjunto de estudos de MARIA MAUELA LEITÃO MARQUES/VITAL MOREIRA, *A Mão Visível, Mercado e Regulação*, Coimbra, 2003.

[7] Repare-se, em termos também históricos, na cintilância do estudo de JOSÉ JOAQUIM

3. Explanação do Programa

HISTÓRIA DA ADMINISTRAÇÃO PÚBLICA

I
Considerações Introdutórias

II
O Problema do Recorte Conceitual
da História da Administração Pública

III
Concatenações Genéticas
do Curso Histórico da Administração Pública

IV
A Administração Pública Peninsular
Anterior à Fundação da Nacionalidade Portuguesa

1. A organização político-administrativa dos primitivos povos peninsulares.
2. Traços gerais da evolução do sistema administrativo romano.
3. Os governadores e a provincialização do direito romano.
4. A administração hispânica sob o domínio romano.
5. A administração visigótica.
6. A administração muçulmana.
7. A reconquista cristã.
8. Separação de Portugal e o seu fundamento jurídico.
9. Organização administrativa da monarquia asturo-leonesa.

GOMES CANOTILHO, *O direito* constitucional passa o *direito administrativo também, in* «Estudos em Homenagem ao Prof. Doutor Rogério Soares», Coimbra, 2002, págs. 705 e segs..

V
O Problema da Periodização
da Administração Pública em Portugal

VI
Generalidades acerca da Administração Pública na Idade Média

VII
Período de Formação e de Consolidação da Administração do Reino

VIII
Período de Expansão e de Aperfeiçoamento
da Administração Pública

IX
Período da Administração de Polícia

X
Período da Administração Liberal

XI
Período da Administração Social

XII
Período da Administração Reguladora

CAPÍTULO V

CONTEÚDOS

1. Indicação dos conteúdos

I
CONSIDERAÇÕES INTRODUTÓRIAS

1. Uma primeira aproximação à história da administração pública.
2. A autonomia da história da administração pública.
3. A história do estudo retrospectivo da administração pública.
   3.1. Formação heterogénea dos cultores da história da administração.
   3.2. A investigação do fenómeno administrativo à luz da história recente.
   3.3. A história do ensino da administração pública na Faculdade de Direito de Coimbra.

II
O PROBLEMA DO RECORTE CONCEITUAL
DA HISTÓRIA DA ADMINISTRAÇÃO PÚBLICA

4. Noção historicamente operativa de administração pública.
5. A questão metodológica na história da administração pública.

III
CONCATENAÇÕES GENÉTICAS DO CURSO HISTÓRICO
DA ADMINISTRAÇÃO PÚBLICA

6. O elo jurídico da história da administração. O seu particular relacionamento com a história do direito e com o direito administrativo.

7. O elo político da história da administração.
8. O elo económico da história da administração.
9. O elo sócio-cultural da história da administração.

IV
A ADMINISTRAÇÃO PÚBLICA PENINSULAR ANTERIOR À FUNDAÇÃO DA NACIONALIDADE PORTUGUESA.

10. A organização político-administrativa dos primitivos povos peninsulares.
11. Traços gerais da evolução do sistema administrativo romano.
    11.1. A administração na Península Itálica.
    11.2. A administração provincial.
        11.2.1. A administração provincial na República.
        11.2.2. A administração provincial no Principado.
    11.3. Os governadores e a provincialização do direito romano.
    11.4. A administração hispânica sob o domínio romano.
        11.4.1. O regime provincial hispânico.
        11.4.2. A administração local hispânica e a reforma administrativa de Diocleciano.
12. A administração visigótica.
    12.1. Assentamento político-administrativo do povo visigodo no interior do Império. Relações entre visigodos e romanos.
    12.2. Reflexos do pensamento de Santo Isidoro e da teoria política da Igreja
    12.3. A administração central visigótica.
        12.3.1. A realeza e os seus poderes.
        12.3.2. Autonomização de uma ideia de utilidade pública.
        12.3.3. Funcionários e instituições adjuvantes do rei na administração central.
            12.3.3.1. O *Palatium* e o *Oficium palatinum.*
            12.3.3.2. A Aula Régia Visigótica.
            12.3.3.3. Os Concílios de Toledo.
        12.3.4. A administração visigótica no plano local.
            12.3.4.1. Ducados e condados.
            12.3.4.2. Composição administrativa dos territórios ou condados.

12.3.4.3. A assembleia rural em forma de *conventus publicus vicinorum.*

12.3.4.4. O papel dos bispos na administração pública local.

12.3.5. A administração judicial.

13. A administração muçulmana.

13.1. Relance sobre o trajecto político-administrativo dos muçulmanos na Península Ibérica.

13.2. As redes administrativas da Espanha árabe.

13.3. Os funcionários religiosos e o direito árabe.

13.4. A administração e os cristãos sob o jugo muçulmano.

14. A reconquista cristã.

15. Separação de Portugal e o seu fundamento jurídico.

16. A organização administrativa da monarquia asturo-leonesa.

16.1. A monarquia asturo-leonesa e o legado político-administrativo visigótico.

16.2. A administração central na monarquia asturo-leonesa.

16.2.1. A Cúria Régia. Noção e competências.

16.2.2. Composição e funcionamento da Cúria Régia.

16.3. Os condados e a administração local.

16.4. Instituições condicionantes da administração local.

16.4.1. Os senhorios.

16.4.2. Os poderes senhoriais e a soberania régia.

16.4.3. O regime municipal.

V

O PROBLEMA DA PERIODIZAÇÃO DA HISTÓRIA
DA ADMINISTRAÇÃO PÚBLICA EM PORTUGAL

17. Indicação de sequência.

18. Esboço de uma periodização da história da administração pública em Portugal.

VI
GENERALIDADES ACERCA DA ADMINISTRAÇÃO PÚBLICA NA IDADE MÉDIA

19. Uma advertência preambular.
20. O Estado patrimonial e a administração.
21. Atenuação da índole patrimonial no Estado português nascente.
22. O engrandecimento do poder régio, o direito romano e a administração.
23. Teorias acerca do poder real e suas aplicações no campo da administração.
24. Antecipação do conceito de soberania no período medievo.

VII
PERÍODO DE FORMAÇÃO E DE CONSOLIDAÇÃO DA ADMINISTRAÇÃO DO REINO

25. Considerações em torno de uma administração justicialista.
26. A administração central e a sua pequena constelação de funcionários.
27. Da Cúria Régia ao Conselho Real.
28. O *rex sive iudex* e a Cúria como órgão judicial.
29. O aparecimento das Cortes e a vida administrativa nos primórdios do Reino.
30. A Casa Real e os servidores particulares do monarca. Um roteiro acerca dos ovençais del-rei.
31. A administração local. Os agentes do rei na administração local.
32. A administração senhorial e a administração concelhia.
33. A administração da justiça e os seus principais recortes institucionais.
34. A divisão territorial administrativa do País.
35. A administração fiscal.
36. Administrações reveladoras de um especial particularismo.
    36.1. A administração profissional.
    36.2. A administração corporativa.
    36.3. Organização administrativa das colónias estrangeiras.
    36.4. A administração eclesiástica e as circunscrições eclesiásticas que dividiram o País.
37. Fontes de direito português anteriores à segunda metade do século XV.

38. Relances normativos respeitantes à administração pública contidos no Livro de Leis e Posturas e nas Ordenações de D. Duarte.
39. O renascimento do direito romano e a administração pública.
40. Movimento renovador do direito canónico.
41. A recepção do direito romano-canónico na Península Ibérica.
42. A fundação das Universidades e a formação de um aparelho burocrático-administrativo.
43. Presença de juristas nos mais altos cargos da administração pública portuguesa.

VIII
PERÍODO DE EXPANSÃO E DE APERFEIÇOAMENTO DA ADMINISTRAÇÃO PÚBLICA

44. As Ordenações do Reino e a legislação extravagante.
45. Enquadramento das matérias político – administrativas nas Ordenações.
46. Fontes de direito português na época das Ordenações.
47. O reformismo administrativo de D. Manuel I.
    47.1. Regimento dos Oficiais das Cidades, Vilas e Lugares destes Reinos.
    47.2. A reforma dos forais e as suas incidências na vida administrativa local.
    47.3. A reforma da Fazenda.
    47.4. Os novos regimentos da Casa da Índia e das Alfândegas.
48. A administração central. Principais manifestações institucionais.
49. A administração periférica.
50. Especificidades da administração pública portuguesa nas terras descobertas.
    50.1. O regime administrativo das ilhas atlânticas.
    50.2. A administração pública no Brasil. O sistema das capitânias.
51. As Cortes e a administração pública.
52. A teoria do ofício público.
53. O papel dos juristas e da Universidade de Coimbra na máquina burocrática régia.
54. Modificações introduzidas por D. João III no panorama da administração pública portuguesa.
    54.1. A governação de D. João III.

80   *História da Administração Pública*

54.2. O Regimento da Fazenda de 1560.
55. A administração sob o domínio filipino.
56. A justiça administrativa na época das Ordenações. O exercício da defesa dos direitos do rei e dos direitos do Reino.
57. O pensamento jurídico em Portugal nos séculos XVI e XVII.
58. A Restauração e a administração pública.
59. O novo desenho das Secretárias de Estado traçado por D. João V.

IX
PERÍODO DA ADMINISTRAÇÃO DE POLÍCIA

60. Considerações gerais.
61. A cameralística e o conceito complexo de polícia.
62. A actividade administrativa no universo de polícia.
63. O *ius politiae* e a tutela jurisdicional dos súbditos.
64. O iluminismo, o poder régio e o direito.
65. Correntes do pensamento jurídico europeu confluentes em Portugal na segunda metade do século XVIII.
66. Reformas pombalinas respeitantes ao direito e à ciência jurídica.
67. O ensino do direito público e da administração pública.
68. Ideias políticas encerradas na *Deducção Chronologica e Analytica*.
69. Novos rumos no *agere* administrativo setecentista.
70. Instituições político-administrativas de criação pombalina.
    70.1. O paradigma da «Intendência Geral da Politica».
    70.2. Reconvensão ideológica das sentinelas da ortodoxia num quadro regalista. A reforma do Tribunal da Inquisição e a criação da «Real Meza Censoria».
    70.3. A nova administração financeira surgida com o lançamento do Erário Régio.
    70.4. A Junta do Comércio como exemplo de uma administração corporativa erigida sob o patrocínio régio.
    70.5. A transferência da administração pública de uma parcela do Império Português para uma Companhia de Comércio.
71. A administração na literatura jurídica publicista portuguesa do século XVIII.
72. O chamado «Novo Código» e a administração pública.

X
PERÍODO DA ADMINISTRAÇÃO LIBERAL

73. Aspectos gerais do individualismo político e do liberalismo económico.
74. O pensamento jurídico oitocentista.
75. O Estado liberal e a administração pública.
76. O relacionamento entre a lei e a administração pública.
77. Transformações no domínio do direito político em Portugal. Contraste com o direito privado.
78. A reforma administrativa de Mouzinho da Silveira. O reordenamento administrativo do território.
   78.1. Os novos princípios da administração pública inscritos na reforma de 1832.
   78.2. A criação de um corpo assalariado da função pública e a teoria do serviço público.
   78.3. As finanças públicas na óptica de Mouzinho da Silveira.
   78.4. O tumultuoso problema do contencioso administrativo.
79. A extinção dos forais e a administração local.
80. O movimento codificador no âmbito do direito administrativo.
81. Mudanças no sistema administrativo.
82. A justiça administrativa liberal.
83. Ciência do direito administrativo e literatura jurídica em Portugal.

XI
PERÍODO DA ADMINISTRAÇÃO SOCIAL

84. Considerações gerais.
85. Imagens da evolução legislativa e do pensamento jurídico.
86. O Estado social e a administração pública.
87. Do princípio da legalidade ao princípio da juridicidade da administração.
88. A administração, os tribunais e a justiça administrativa.
89. A ciência do direito administrativo.

XII
PERÍODO DA ADMINISTRAÇÃO REGULADORA

90. Caracterização genérica. O Estado abdicativo.
91. O ímpeto regulador e a proliferação de entidades reguladoras.
92. Sinais de uma fuga para o direito privado.
93. Rumo a uma nova ciência da administração.
94. A agenciação da administração pública.
95. Do *New Public Management* à ideia de re-administração.
96. A administração por objectivos na administração pública.
97. A radical mudança no sistema de avaliação do desempenho na administração pública.
98. A abordagem do novo institucionalismo.
99. O futuro rosto da administração pública no século XXI.

CAPÍTULO VI

MÉTODOS

1. Critério de estudo e abordagem histórica da Administração Pública

As humanidades de amanhã, conforme bem sublinha Jacques Derrida, «deveriam em todos os departamentos estudar a sua história, a história dos conceitos que instituíram, construíndo-as, as suas disciplinas e lhes foram coextensivos». Ou seja, uma das missões a cumprir pelas humanidades reridiria em «conhecer e pensar infinitamente a sua própria história»[1]. Uma afirmação que merece o mais irreticente aplauso, a reclamar a específica pauta de uma abordagem histórica adequada à fenomenologia em apreço.

Assumimos um princípio rector que ostenta o subido alcance de desvelar a historicidade das criações culturais e, em especial, do domínio da administração pública que decidimos percorrer. Do que se trata, tomando de empréstimo as palavras de Pinto Bronze, «é de saber reconstruir os horizontes herdados com os horizontes conquistados, fundindo, no presente, o passado e o futuro, pois mesmo quando este parece cortar com aquele é ainda o primeiro o lugar de emergência do segundo, tal como um determinado topos se apresenta sempre como o radical negativo de qualquer... utopia»[2].

No contexto de um estudo histórico da administração que não descure também a formação e o paulatino desenvolvimento do universo jurídico-administrativo, afigura-se desejável proporcionar um equilíbrio pru-

---

[1] *Vide* JACQUES DERRIDA, *A Universidade sem Condição*, trad. de AMÉRICO BERNARDO, Coimbra, 2003, págs. 63 e 61, respectivamente.

[2] *Vide* FERNANDO JOSÉ BRONZE, *Relatório com o programa, os conteúdos e os métodos de ensino teórico e prático da disciplina de «Introdução ao Direito»*, Coimbra, 1996, pág. 42.

84 História da Administração Pública

dente entre as diversas orientações metódicas que conservam méritos inabaláveis. Tão indispensável é a histórica, em que se leva a cabo o exame severamente crítico, mas de igual modo profundo e relacionado das fontes, para redescobrir o rumo das instituições jurídico-administrativas, como será a exegético-dogmática, em que, a partir da análise dos textos, não se recusa o valimento do apelo, contido em justos limites, da dogmática moderna votada à abreviação coerente e ordenadora da realidade em todo o seu desbordante polimorfismo. Só assim o relato evolutivo das instituições jurídicas inscritas no universo da administração pública ficará gravado no espírito dos alunos, aos quais se pede uma curiosidade fáustica, de olhos facetados como os dos insectos, que não cesse de o observar pelos ângulos mais imprevistos.

2. Métodos de ensino

Nunca representará um tema incontroverso o dos métodos de ensino. Sobre ele já se abateu uma via imensa de considerações. De maneira que instila em quem se atreve a abordá-lo o sentimento natural de que, como acentuou Jorge Miranda, «se corre o risco de repetir coisas óbvias ou triviais»[1]. Por outro lado, não nos apoitaremos a intrometer juízos definitivos em terreno tão atreito ao voejar inconstante de opiniões, vindas de um escol de pregoeiros da modernidade, que ora se copiam, ora se confrontam. Ainda assim, impõe-se que deixemos expressa a nossa ponderação no momento que corre. E com razões acrescidas. É que a jovem Licenciatura em Administração Pública criada sob a égide da Faculdade de Direito de Coimbra gizou, no seu esboço normativo instituidor, novas orientações quanto à implantação de um certo *modus docendi* e no capítulo da avaliação de conhecimentos. Constituem temas que não poderão passar despressentidos.

Importa reconhecer que a relação pedagógica assume, por excelência, um carácter dialógico de sentido intersubjectivamente modelador. E não pode sofrer contestação a superior observação de Castanheira Neves quando sublinha que o «professor não é alguém que tendo um saber acabado, apenas o transmite, e sim alguém que, pressupondo-se especialmente

---

[1] *Vide* Jorge Miranda, *Relatório com o programa, os conteúdos e os métodos do ensino de Direitos Fundamentais* in «Revista da Faculdade de Direito de Lisboa», vol. XXVI (1985), pág. 547.

conhecedor (como especialista ou profissionalmente) de um certo domínio cultural, se oferece como o mediador no acesso fundado e autónomo a esse domínio por quem, não sabendo, mas querendo saber, encarna o papel de aluno. Daí que, por um lado, o professor não possa prescindir da sua concepção e da sua perspectiva de conhecimento relativamente à matéria a ensinar e a estudar. E que, por outro lado, seja necessário excluir, de todo, o dogmatismo, seja cultural, seja metodológico, seja ideológico – para o que o modelo de professor de Max Weber será um tipo limite – posto que, de outro modo, não só se truncaria o saber ou conhecimento possível como se impediria a autonomia formativa, pessoal e crítica do aluno»[1].

Claro está que se pressupõe como alvo privilegiado de um ensino com tal cariz, um pouco à imagem das *Institutiones* de Justiniano, uma *cupida legum iuventus,* isto é, uma juventude desejosa de aprender. Não creio que se possa pregar em termos frutíferos a quem não se encontra disposto a ser dócil.

O universitário precisa da investigação para fazer respirar o seu ensino. No magistério da disciplina de História da Administração Pública, dada a escassez de estudos monográficos nessa área, ao professor é pedido um constante esforço disquisitivo. Existe, pois, um desafio incessante que permitirá lograr que se alcance a plena realização do princípio a que, muito justamente, Castanheira Neves chamou da simultaneidade da investigação e da docência. O modelo de professor, conforme explica o referido Mestre, «o único capaz de fazer escola e mesmo pedagógico-culturalmente relevante, é aquele que alimenta a sua docência com a sua investigação»[2].

No contexto traçado, não se propugna a tradicional cisão entre aulas teóricas e aulas práticas[3]. Embora não se refute o valor inabdicável de exposições magistrais em que se explanem, de forma ordenada e coerente, os núcleos programáticos eleitos, que hão-de funcionar como lances desbravadores de terrenos temáticos, porventura eriçados de escolhos para noviços na área, isso não significa que nos tenhamos de render a um ensino de

---

[1] *Vide* A. Castanheira Neves, *Relatório com a justificação do sentido e objectivo pedagógico, o programa, os conteúdos e os métodos de um curso de «Introdução ao Estudo do Direito»,* polic., Coimbra, 1976, págs. 190 e seg..

[2] *Vide* A. Castanheira Neves, *Reflexões críticas sobre um projecto de «estatuto da carreira docente»,* in «Digesta», vol 2.º, Coimbra, 1995, pág 450.

[3] Evidentemente que haverá disciplinas em que conservará pleno cabimento a distinção entre aulas teóricas e práticas. Neste sentido, ver Rui Manuel Gens Moura Ramos, *Direito Comunitário. Programa, Conteúdos e Métodos de Ensino,* Coimbra, 2002, págs. 144 e segs.

carácter acentuadamente receptivo. Ao invés, nada impede, bem o sublinhou Pinto Bronze, que, «em vez de monológicas preleções magistrais (o modelo ainda dominante nas chamadas "aulas teóricas" do Curso de Licenciatura), tenha lugar uma autêntica "reflexão dialógica" das matérias do programa»[1].

A prática reflexão dialogante deve invadir a coutada, pelo menos de uma parte das aulas teóricas. Julgamos representar esta a única maneira de banir um ensino de carácter acentuadamente receptivo, perante o qual o aluno é convidado à passividade dogmática ou apenas ao exercício da memória fresca. No rumo entreaberto, as classes de História da Administração Pública acabarão por ser, todas elas, teórico-práticas.

3. Avaliação de conhecimentos

A História da Administração Pública, ao abrigo do regime instituidor da nova Licenciatura da Faculdade de Direito, impõe uma frequência obrigatória às aulas, determinando a falta a metade do número anual de prelecções do professor a perda de aproveitamento. Neste quadro exigente de comparência pessoal, compreende-se que o sistema de avaliação possa e deva ser contínuo. Não se tornará desvalioso deixar expresso o registo da nossa experiência.

Posto que sem estar submetido a um princípio de implacável regularidade, não se recusou uma certa aplicação do velho sistema de exercícios vocais, dito de outra forma, do recurso a chamadas orais. Preenchendo uma parcela da aula, revestiam finalidades diversas que podiam até corresponder a uma repetição abreviada do sumário, sempre que a complexidade da lição pretérita o justificasse.

Mas a contínua promoção do adiantamento formativo dos estudantes de História da Administração Pública contemplou também participações escritas. Ora, a exercitação escrita dos alunos foi-se cumprindo através de duas maneiras. Uma consistia na elaboração de respostas escritas a questões suscitadas problematicamente nas aulas. Representava o segundo tipo de exercício escrito, de um fôlego mais exigente, a redacção de uma breve

---

[1] *Vide* FERNANDO JOSÉ BRONZE, *Pensamento Jurídico (Teoria da Argumentação). Relatório com a justificação, o sentido, "[...] o programa, os conteúdos e os métodos do ensino [...] da disciplina [...]"*, Coimbra, 2003, pág. 79.

dissertação que assumisse como alvo um dos temas inseridos no programa da cadeira.

Quanto a este aspecto, impus a mim próprio a incumbência de levar a cabo um ciclo de conferências sobre História da Administração Pública, que povoassem os dois últimos terços do ano lectivo. Procuraria convidar, como fiz no ano lectivo de 2002-2003, alguns dos autores de maior nomeada no âmbito em apreço. E o tema versado em cada uma das conferências passaria a integrar, à guisa de exposição desafiante ou de abertura estimulante de horizontes, uma lista de possíveis temas a tratar pelos alunos.

Apresentado o trabalho, seguia-se, invariavelmente, a sua discussão em plena sessão de turma, com muitos esclarecimentos concludentes e outras tantas advertências da parte de todos os colegas e por banda do professor. O resultado não podia deixar de ser gratificante.

No entanto, a avaliação contínua não deve assumir contornos abafadores que esmagam a paz íntima dos alunos. Deve ser servida em doses comedidas sob pena de se tornar num sistema odioso. Continuo a julgar importante que sobre um certo tempo desembaraçado de avaliações e de aulas, em que os estudantes se possam recrear, como lembravam os Estatutos da Universidade de Coimbra de 1772, «em algum passeio ou outro honesto exercício», por forma a ganharem um novo fervor para o estudo.

A coroar a avaliação contínua em jeito de ponderação global, prevê-se a existência de um exame final, constituído por uma prova escrita e uma prova oral. Evidentemente que a classificação não deixará de tomar, na devida conta, além da prestação do aluno no exame final, o seu trabalho desenvolvido ao longo do ano escolar.

A avaliação, no recorte acabado de gizar, reclama um empenho tremendo, quer de alunos, quer do professor. Mas só de uma pedagogia dinâmica e funcionalmente activa brotará um verdadeiro magistério histórico-jurídico no domínio da administração pública.

A missão mais nobre de um professor está em ser um professor de espíritos críticos. A aprendizagem não representa um estado de repouso, mas sim um acto ou função. Conquista-se pelo pensar e aniquila-se pelo não pensar. Que bom seria se adopássemos um dos lemas de Lichtenberg, avisado professor da Universidade de Gottingen no século XVIII: «dá ao teu espírito o hábito da dúvida e ao teu coração o da tolerância».